¡El Puesto es Suyo!

**Todas las claves para triunfar
en una entrevista de trabajo**

Si está interesado en recibir información sobre libros empresariales, envíe su tarjeta de visita a:

Gestión 2000
Departamento de promoción
Comte Borrell, 241
08029 Barcelona
Tel. 93 410 67 67
Fax 93 410 96 45
e-mail: info@gestion2000.com

Y la recibirá sin compromiso alguno por su parte.

¡El Puesto es Suyo!

Todas las claves para triunfar en una entrevista de trabajo

Alexis de Bretteville

y

Charles-Henry Dumon

 **GESTIÓN 2000**

Edición adaptada de: «Le guide de l'entretien de recrutement»
de Alexis de Bretteville y Charles-Henry Dumon y publicada
por Les Editions d'Organisation, París, 2000
© Alexis de Bretteville y Charles-Henry Dumon, 2000
© Ediciones Gestión 2000, S.A. – Barcelona, 2000
Primera edición: noviembre 2000
Depósito legal: B-51.509-2000
ISBN: 84-8088-480-0
Fotocomposición: Text Gràfic
Impreso por Talleres Gráficos Vigor, S.A. (Barcelona)
Impreso en España – *Printed in Spain*

Índice

Prefacio

Desde que surgió la noción de empleo, hace ya cincuenta años, nunca había evolucionado tanto como lo está haciendo actualmente. Los cambios y las mutaciones son frecuentes en toda trayectoria profesional, y hacen de la entrevista de selección un paso casi obligado.

Este sencillo paso profesional no se enseña en ninguna parte y, sin embargo, la mayoría de los candidatos, por falta de entrenamiento, lo realizan deficientemente.

Veamos la percepción que habitualmente se tiene de la entrevista:

Usted entra en una sala y se encuentra cara a cara con un extraño que le intimida con preguntas en serie: se pone a la defensiva y esquiva como puede las respuestas referentes a su pasado. Al final, se le recompensará con la espera angustiosa del veredicto final.

El objetivo de este libro es ofrecer a los candidatos los medios necesarios para afrontar la situación de la mejor manera posible, con el fin de que dejen de ser víctimas y se conviertan en participantes activos de esta inevitable prueba.

Introducción

Si usted piensa que los buenos empleos son difíciles de conseguir, si siempre que le interesa un puesto acaban por elegir a otra persona, y si siempre acaba aceptando un empleo por desesperación, es urgente que lea este libro.

Sea cual sea su nivel jerárquico, siempre tendrá que pasar una entrevista a la hora de buscar un nuevo empleo. La entrevista es y continuará siendo la principal herramienta utilizada por los reclutadores y los empresarios para la selección de personal.

Tras muchos años al frente de MICHAEL PAGE, la primera empresa europea en selección de personal, hemos podido comprobar que muchos candidatos no consiguen los puestos interesantes para los cuales están suficientemente capacitados. No dominan las técnicas de la entrevista: no están suficientemente preparados para responder a las cuestiones más relevantes, están poco informados sobre sus futuras empresas y no controlan los signos de timidez y nerviosismo.

Este libro le ayudará a superar el reto que supone la entrevista de selección, y gracias a él conseguirá:

- Conocerse mejor a sí mismo para venderse mejor.
- Comprender los distintos tipos de entrevistas.
- Estar informado y entrenado en las diferentes técnicas de entrevistas.
- Formular las cuestiones oportunas sobre sus futuros puestos de trabajo, jefes y empresas.
- Responder adecuadamente a las cuestiones que le sean formuladas.
- En conclusión, recuperar la confianza para no fracasar en el momento de la entrevista y poder alcanzar su empleo ideal.

Realice este aprendizaje con entusiasmo sabiendo que si consigue una entrevista es porque el entrevistador ya tiene una buena impresión del currículum y trabajos que usted le ha enviado.

¡Aprenda a transformar la prueba en su propio beneficio!

1
Planificación y preparación

Haga balance de su carrera: empiece por conocerse a sí mismo

Analice el pasado

Los buenos vendedores conocen bien su producto. Si quiere brillar en las entrevistas, o dicho de otra manera, si quiere venderse bien es necesario que conozca el producto; es decir, es necesario que se conozca a sí mismo.

El punto de partida ideal para realizar el balance de su carrera es preguntarse: «¿Dónde estoy en este momento?» Los resultados de ayer y las competencias de hoy son los mejores indicadores de una actuación futura. Al identificar los puntos fuertes y las debilidades, podrá aislar la causa e intentar remediarla.

Tres ejes de búsqueda

Pregúntese sobre:

- *Sus competencias técnicas*: trayectoria académica, función, especialización, conocimientos profesionales, conocimientos lingüísticos...

- *Su personalidad*: ¿cuáles son las características de su personalidad? ¿cuál es su enfoque de la vida?, ¿su grado de motivación?, ¿su confianza en sí mismo? ¿cómo es su relación con los demás en su vida privada y en el trabajo?

- *Su adaptabilidad*: la capacidad de trabajar en equipo, de integrarse y progresar en una empresa nueva.

Recurra a su memoria

Para poder avanzar en estos tres dominios, dedique tiempo a recordar los acontecimientos que han marcado su vida y su carrera. Las cuestiones siguientes facilitarán su proceso de reflexión:

- «¿Qué cosas importantes he hecho durante mis estudios?»
- «¿Qué he conseguido en mi vida privada y en el trabajo?»

Analice su trabajo, elabore la lista de tareas a realizar cada día, cada semana, cada mes.

Defina, para cada uno de sus logros profesionales, al igual que para sus diversas atribuciones, las cualidades personales que ha tenido que poner en práctica.

Intente realizar una evaluación de las capacidades que le han sido útiles en sus empleos anteriores:

Ejemplo: Como director financiero, usted ha dirigido la adquisición de una empresa de la competencia. En esta ocasión ha demostrado ser un hombre líder además de un hombre de acción. Sabe convencer gracias a que posee un gran sentido del rigor y de la organización.

- ¿Cuáles son sus debilidades y sus puntos fuertes (competencias técnicas, personalidad y adaptabilidad)? Para cada uno de sus logros pregúntese las siguientes cuestiones: ¿por qué, cuándo y cómo?

Ilustre cada uno de los ejemplos de sus cualidades

«Soy preciso»: como contable soy el encargado de enviar los informes cada mes. Siempre he respetado los plazos.

«Tengo seis leales servidores. Ellos han aprendido todo lo que yo sé, se llaman: quién, por qué, cuándo, cómo, dónde y qué».

Ilustre cada uno de los ejemplos de sus realizaciones

«Lancé una gama nueva de cosméticos para la piel: al cabo de dos años de su lanzamiento la gama había conseguido el 15% de la facturación de la empresa y obtenido el premio del mejor producto de los consumidores de la revista Z.»

El futuro: sus proyectos...

- ¿Cuáles son sus proyectos personales y profesionales?

- Defina sus expectativas: ¿qué espera de su próximo empleo (lugar, tamaño de empresa, función, salario, responsabilidades, personalidad de su jefe...)?

- Precise su proyecto profesional: ¿es lógica su trayectoria?

- ¿Es coherente su proyecto con su trayectoria?

- ¿Por qué solicita usted el puesto ofrecido? Su candidatura ¿coincide con la función buscada?

Su objetivo es demostrar que, gracias a esa experiencia, ha forjado una serie de competencias que encajan con los requisitos del puesto a cubrir.

Este ejercicio es duro de realizar, ya que suele sacar a relucir cuestiones dolorosas. Por eso, es preferible hacerlo en casa y con calma, antes que frente a la persona encargada de efectuar la selección.

El juicio crítico que haga sobre su pasado profesional le servirá para refutar la mayor parte de las objeciones que le presenten. Para conseguir una mayor objetividad, no dude en solicitar ayuda a alguna persona ajena a la empresa o a alguien de su entorno. En definitiva, esta discusión no sólo le servirá para salir airoso de su entrevista, sino también para redactar una carta de solicitud y un curriculum bien elaborado.

> *Supongo que usted sólo piensa en determinadas ocasiones.*
> *Hay muy poca gente que piense más de 3 ó 4 veces al año.*
> *El que os habla, debe su celebridad a que piensa una o dos veces por semana.*
> BERNARD SHAW

Recuerde

Los ejes para realizar bien su autoevaluación:

- Mi personalidad (espíritu de equipo, individualista, ambicioso,...)
- Mi carácter (tímido, impulsivo, generoso,...)
- Mis capacidades físicas
- Mi sentido de la comunicación
- Mi presentación
- Mis relaciones con los demás
- Mis motivaciones, mis ambiciones
- Mis proyectos
- Mis competencias técnicas
- Mis resultados, mis fracasos
- Las razones por las cuales cambio de situación
- Mis sectores de actividad preferidos
- El tamaño de las empresas en las que he trabajado
- Mis diplomas, cursos de perfeccionamiento, formación complementaria
- Mi entorno social
- Mis aficiones
- Lo que me gusta, lo que no me gusta
- Lo que rechazo
- Lo que nunca he conseguido realizar
- Lo que me hubiera gustado realizar
- ¿Cómo podrían herirme?
- ¿Me aporta mi vida privada estabilidad y alegría de vivir? Si no es así, ¿cómo podría alcanzarla? ¿Soy yo el responsable de esta falta de estabilidad y alegría de vivir? (las mismas cuestiones para la vida profesional)
- ¿Qué deberían aportarme mi trabajo, mis compañeros, mi jefe, mis clientes,... (ayuda, consideración, dinero, poder,...)

Recuerde

Lista de las aptitudes que le ayudarían a perfeccionar las suyas:

- Analizar y redactar los informes escritos
- Realizar investigaciones y estudios de mercado
- Evaluar las ideas, la gente
- Comunicarse con sus clientes y sus compañeros de trabajo
- Buscar soluciones nuevas a los problemas
- Dirigir a los demás
- Controlar y evaluar el trabajo de los demás
- Organizar, planificar, reestructurar
- Trabajar bajo la estrategia de la empresa
- Ser riguroso: cumplir los plazos
- Ser creativo
- Vender un producto / un servicio
- Motivar a los demás
- Determinar los objetivos
- Saber reclutar a un equipo
- Organizar su tiempo
- Resistir el estrés
- Saber delegar
- Pensar de manera lógica y coherente
- Saber tomar iniciativas
- Pensar y actuar de manera independiente
- Ser capaz de tomar riesgos
- Saber animar las reuniones

Para cada una de estas aptitudes, tendrá que formular las siguientes cuestiones: ¿cuándo, dónde, cómo? No dude en ilustrar cada criterio con ejemplos concretos.

Por último, haga siempre coincidir sus capacidades y sus logros con las exigencias de su futuro empresario.

Nunca tiene que decir:

«He pasado 18 meses realizando un curso de perfeccionamiento en Estados Unidos».

Sin embargo, puede decir:

«He pasado 18 meses realizando un curso de perfeccionamiento en Estados Unidos, con el que he desarrollado mi capacidad de adaptación. Esta experiencia me ha permitido también perfeccionar mi nivel de inglés». Este argumento pesará si la empresa que le interesa está bien establecida en Estados Unidos.

Con el fin de profundizar y de precisar el balance de su carrera, realice el «test del coche»: su carrera puede compararse a la conducción de un coche.

«Test del coche»

Caso n°1: su carrera avanza

Usted cree que su trabajo es «desafiante» y está encantado con él. Sin embargo, no olvide verificar que su carrera avanza por el buen camino. Pregúntese:

- «¿Aprendo técnicas nuevas?»

- «¿Estoy interesado en adquirir nuevas competencias?»

- «¿Estoy en situación de transformar fácilmente mi experiencia nueva en el mercado laboral?»

- «¿Aprecio a la gente y a la empresa para la cual trabajo?»

- «¿Estoy suficientemente bien pagado?»

- «¿Tengo una idea clara de qué es lo que esperan de mí? Y yo, ¿qué es lo que espero de mí mismo?»

- «¿Obtengo un *feedback* regular sobre mi trabajo?»

- «¿Me divierto?»

Si usted responde NO a la mayoría de estas cuestiones, entonces está en punto muerto o marcha atrás.

Caso n° 2: su carrera está en punto muerto

Si éste es su caso debería remediar rápidamente esta situación o de lo contrario avanzará con dificultad. Puede ser que se halle conscientemente en punto muerto por culpa de la crisis del mercado laboral o porque su empresa está estancada.

Si por el contrario está en punto muerto de manera inconsciente, se está precipitando directamente al fracaso. Si ha perdido de vista sus objetivos, conduce un coche peligroso.

Caso n° 3: su carrera va marcha atrás

Usted está frustrado y ha perdido toda la ilusión por su trabajo: está desmotivado. ¡Atención!, lo más seguro es que su jefe acabe dándose cuenta.

- Reconozca que tiene un problema e identifique los síntomas.

- Decida qué alternativas tiene.

- Defina una estrategia que le lleve lo más rápido posible al punto muerto, con el fin de pasar en cuanto antes a la marcha hacia delante.

Las causas de la marcha atrás son múltiples y es necesario consagrar algunas líneas de este libro a ellas para así ayudarle en su introspección.

Elija un trabajo que le guste y no tendrá que trabajar ni un solo día de su vida.

CONFUCIO

Está a punto de perder su empleo

Esta situación puede ser traumática. Sin duda, generará estrés, ansiedad y le hará perder confianza en sí mismo. A continuación encontrará algunos consejos para superar esta difícil etapa:

- Nunca se lo tome como un ataque personal. Los motivos de la pérdida del empleo no son ni sus competencias ni su lealtad.

- Considere esta situación como una oportunidad que hay que aprovechar. Cuestiónese a sí mismo y adáptese mediante un proceso de reevaluación de sus prioridades. ¡Es una buena cosa!

- En ningún caso oculte los problemas a su familia. Debería compartir con ellos tanto sus éxitos como sus fracasos. Ellos generalmente le ayudarán a recuperar su confianza en sí mismo.

- No hable con sus amigos hasta que haya «recargado las pilas» y recuperado su espíritu positivo. De esta manera, evitará también dar una mala imagen de usted mismo. Son ellos los que probablemente le facilitarán contactos laborales.

- Reconozca que no estaba adaptado para su antiguo puesto y que por tanto, debe reorientar su carrera.

- Para reforzar su confianza, tómese unas vacaciones en las que pueda disfrutar de sus aficiones.

- Por último, tendrá que adaptarse a los recursos económicos reducidos.

Está estresado y agotado

Demasiada presión asociada a un alto nivel de exigencia conduce frecuentemente a esta situación, cuyos indicadores más comunes son:

- Su vida familiar es inexistente, ya no se va de vacaciones y no soporta los fines de semana. No descansa ni un solo momento.

- Los problemas en el despacho se acumulan: tiene altercados con sus compañeros, no tiene tiempo de preparar a fondo las reuniones, no disfruta con su trabajo.

- Empiezan a aparecer las carencias físicas o psicológicas: fatiga, mal humor, sensación de culpabilidad.

Todos estos síntomas demuestran que es urgente que reorganice sus actividades y sobre todo que haga algo para recuperar su equilibrio personal:

- reconociendo los síntomas, las causas, etc.;
- gestionando mejor su tiempo: aprender a decir no a ciertos ruegos, escuchar determinadas conversaciones;
- redescubriendo otras dimensiones esenciales de la vida: deporte, familia, amigos,...

El aburrimiento en el trabajo

Su trabajo no le motiva. Ya no tiene oportunidad para demostrar sus competencias o mejorar sus cualidades. Intente hacerlo más atractivo buscando nuevas responsabilidades y marcándose cada día nuevos objetivos. Sobre todo, analice esta pérdida de motivación.

La crisis de los «cuarenta»

Estas crisis «de identidad» pueden aparecer en cualquier momento, pero suele ser más frecuente a una edad determinada: se arrepiente de no haber realizado sus sueños de juventud y piensa que «la hierba está más verde al otro lado de la valla». Busque rápidamente la causa de esta desilusión: ¿usted mismo, su puesto o su empresa?

Ha equivocado la dirección de su carrera

A menudo elegimos un trabajo al azar, o peor aún, por la presión que ejercen nuestros padres y profesores. No hay información sobre las profesiones. Por otro lado, las carreras evolucionan más rápidamente, cada día, y determinados conocimientos y aptitudes técnicas se quedan obsoletas cada vez más pronto. Además, suele ser difícil deshacerse de las etiquetas que nos han sido colgadas.

Los síntomas suelen ser los siguientes:

- No le gusta lo que hace.
- No utiliza las competencias que no le gustan.
- No está dotado para lo que hace.
- No se desarrolla en su trabajo.

Si este es su caso, tendrá que ir pensando en un cambio de sector, de función, o de las dos cosas a la vez (tenga cuidado de no realizar a la vez el cambio de función y de empresa). Prepárese a conciencia para realizar este cambio.

- Piense qué es lo que le desmotiva de su trabajo.
- Piense qué es lo que le motiva.
- Busque aquellos sectores y funciones que le estimulan y se adaptan a sus cualidades personales.

Este trabajo de introspección debería conducirle a responder la pregunta «¿Quién soy yo?»

Usted debería ser capaz de presentar una síntesis equilibrada de las dos esferas de su vida, la privada y la profesional; ser capaz de explicar la coherencia de su carrera y de exponer el hilo conductor de su experiencia, siempre ensalzando los puntos fuertes de su trayectoria.

Una vez realizado este examen de conciencia serio y eficaz, estará preparado para responder más fácilmente a ciertas cuestiones que le formularán. Así pues, cuando su interlocutor le pregunte: «Estoy buscando a alguien que pueda ayudarnos a implantar nuevos cuadros de mando de gestión, ¿podría usted decirme cuál será su aportación en este aspecto?»; estará capacitado para dar rápidamente una respuesta razonada y así diferenciarse de los demás candidatos.

Piense en su futuro

Una vez analizada la situación tal y como se presenta hoy ya puede pensar, con todas sus capacidades, a dónde desea ir. Esfuércese por pensar y planificar su carrera estableciendo objetivos a corto, medio y largo plazo.

A fin de cuentas, un plan de carrera no es más que un conjunto de objetivos y metas a conseguir. Pero no sólo sirve para elaborar la estructura necesaria para elegir un trabajo y desarrollar las aptitudes; también le ayudará a localizar el puesto de trabajo adecuado.

Al tener tantos proyectos personales como profesionales, tendrá una actitud activa y positiva. Estos proyectos deberían cumplir cuatro condiciones:

- Que sean *flexibles*: no realizar un plan de carrera grandioso en el que todo esté previsto y en el que la incertidumbre no tenga cabida.

- Que sean *realistas*: que tengan en cuenta su nivel de estudio y, sobre todo, su experiencia anterior.

- Que sean *razonablemente ambiciosos*: que contengan ciertas dificultades superables.

- Que se puedan *revisar* en función de las circunstancias.

Si usted desea cambiar de empleo, tiene varias posibilidades:

- Cambiar para incrementar sus responsabilidades.

- Ocupar la misma función especializada dentro de una empresa de mayor rendimiento.

- Combinar las dos opciones anteriores.

- Crear una empresa en la que pueda ejercer una actividad por su cuenta (consultor, etc.).

A partir de ahora tendrá una idea clara de sus experiencias pasadas, de sus ventajas, de sus debilidades, de sus competencias técnicas y de sus frustraciones. También sabrá, con más precisión, cuáles son sus aspiraciones para el próximo trabajo. Compare estas dos listas para verificar que no hay ninguna incoherencia. Ha terminado uno de los ejercicios más importantes para salir airoso en una entrevista de trabajo: conocerse a sí mismo y saber qué es lo que desea.

A continuación, deberá investigar acerca de su futuro empresario y comprender qué es lo que él está buscando.

Recuerde

Las preguntas que le ayudarán a estructurar sus ideas sobre la próxima etapa de su carrera:

- ¿Está usted muy cualificado, poco cualificado?
- ¿Aprende siempre algo?
- Si usted se siente desdichado en su trabajo, ¿es algo pasajero?
- ¿Le ayuda su puesto de trabajo a realizar sus objetivos profesionales?
- ¿Su empleo le da solamente una seguridad a nivel económico?
- ¿Es realmente su trabajo el que a usted le gusta?
- ¿Progresa la empresa y usted con ella?
- ¿Qué opinión tienen de usted sus superiores?
- ¿Podría hacer que su trabajo fuera aún más interesante? ¿Cómo?

Recuerde

Ejemplos de una lista de objetivos a lograr en su próximo puesto de trabajo:

Responda a las siguientes cuestiones lo más extensamente posible; si algunas de estas cuestiones no le interesan para su futuro empleo, táchelas y sustitúyalas por otras más apropiadas.

- ¿Para qué tipo de organización me gustaría trabajar?

  (Empresa pública, privada, familiar, grande, mediana, pequeña, española, extranjera, con tradición, nueva, en expansión,...)

- ¿Qué horario de trabajo me convendría más?

  (Regular, irregular, horas extras, fines de semana,...)

- ¿Qué tipo de entorno me gustaría?

  (Estar siempre en el despacho, estar siempre en el terreno, un poco de los dos,...)

- ¿Me gustaría viajar?

- ¿Podría cambiar de país? (Si contesta que sí, ¿por cuánto tiempo?, ¿cuáles serían las implicaciones para mi familia?)

- ¿En qué banda salarial me gustaría estar?

- ¿Qué otras condiciones tienen importancia para mí? (Sector, lugar de trabajo,...)

- ¿Con qué tipo de gente (personalidad, aptitudes, comportamientos) me gustaría trabajar?

- ¿Qué competencias nuevas debería adquirir en mi próximo empleo?

- ¿Cuáles son mis objetivos de evolución para los próximos cinco años?

- ¿Qué cosas son importantes en mi vida profesional? (Poder, dinero, estatus,...)¿Cómo conciliarlas con mi vida privada?

- ¿Qué tipo de empleo me va a permitir alcanzar estos objetivos?

Todo lo que debería conocer sobre su futuro jefe

Normalmente, cuando selecciono a un futuro consultor para Michael Page, le pregunto si quiere que le conceda unos 20 minutos de la entrevista para preguntarme sobre el puesto y la empresa.

Aquel candidato que da una respuesta negativa o no sabe qué responder pierde instantáneamente ventaja sobre aquel otro que contesta: «He leído recientemente en *Expansión* que las empresas de selección han incrementado una media del 20% su facturación. ¿Cómo reacciona Michael Page a este incremento del mercado?» Este candidato me está demostrando la importancia que concede a la oportunidad que le damos de integrarse en Michael Page.

Dicho de otra manera, parece estar realmente interesado por el puesto. Así pues, intente siempre ponerse en el lugar del entrevistador: ¿qué es lo que va a interesarle?

Adopte el esquema siguiente en las investigaciones que realice sobre sus futuros empresarios:

Investigue el sector de actividad, el mercado, la competencia

Cuestiones a plantear:

- ¿Quiénes son los líderes del mercado?
- ¿Es un mercado en expansión o en recesión?
- ¿Esta industria se ve afectada por los avances tecnológicos y el desarrollo del comercio de los países del sudeste asiático?
- ¿Se están produciendo actualmente en el sector fusiones o adquisiciones?
- ¿Se ven sus productos o servicios afectados por una caída importante del sector?
- ¿Cuáles son las organizaciones que predominan en esta industria?

Investigaciones sobre la propia empresa

Cuestiones a plantear:

- ¿Cuáles son los productos, servicios?
- ¿Cómo está estructurada y organizada la empresa?
- ¿Cómo están repartidas las acciones?
- ¿Ha habido cambios recientemente (fusiones/adquisiciones, de gestión, de accionistas, etc.) en la empresa?
- ¿Cuál es la cultura de la empresa?

A realizar

- Conseguir los folletos comerciales y el informe anual de la empresa.
- Telefonear a la Dirección Comercial y hacerse pasar por un cliente para obtener información.
- Entrar en contacto con miembros de la empresa.
- Fuentes: *Kompass, Dun & Bradstreet, Expansión, Actualidad Económica, Nueva Empresa...*, algunos servidores de Internet ofrecen información comercial, redes de antiguos alumnos y las *webs* de las empresas.
- Investigación sobre los individuos de la empresa: tarea bastante complicada si no conoce a ninguno de los que trabajan en ella.

Ha llegado el momento de utilizar su propia red de contactos. Dispondrá de información sobre la empresa y el puesto de trabajo, y además conseguirá conocer sus necesidades. Tendrá así argumentos para convencer a su interlocutor de que le contrate.

En el capítulo sobre la entrevista veremos las cuestiones a formular.

Qué buscan sus futuros empleadores

Es sumamente importante conocer a fondo tanto las implicaciones económicas de la función como qué es lo que buscan los empleadores.

La creación de un nuevo puesto de trabajo representa una fuerte inversión para cualquier compañía. Por tanto, usted debería admitir que su futuro jefe tiene unas necesidades que quiere satisfacer. Si no identifica estas necesidades, su conversación en la entrevista no será justa. Tiene que esforzarse por hacer corresponder sus competencias y ventajas con estas necesidades. Muchos candidatos dan prioridad a sus deseos sin tener en cuenta los de su interlocutor.

Su futuro empleador está comprando sus servicios, y por esto, va a intentar definir su «empleabilidad». O, en otras palabras, en cada acción de compra hay una parte de emoción que es importante descubrir.

Piense como él: el interlocutor quiere a alguien que llegue puntual a la entrevista, alguien con quien «conecte» y que escuche atentamente sus exigencias.

Además, esa persona que a lo mejor será su jefe, pretende descubrir en cada uno de los individuos, los factores de éxito importantes para ese sector y esa función (sin olvidar que, según sea la función, se dará importancia a una u otra cualidad).

Por último, tenga en cuenta que la persona que selecciona está un tanto nerviosa. Tiene tanto que perder como usted (si no más) si contrata a un candidato no apto para el puesto. Seleccionar o despedir son sin duda las decisiones más difíciles que un directivo tiene que tomar, puesto que en ellas interviene el factor humano. Además, los empleadores que hacen malos reclutamientos también están arriesgando sus propios puestos. Sepa también que los empleadores «detestan» seleccionar: generalmente esperan que el primer candidato al que entrevisten sea el bueno para el puesto. La mayoría de los candidatos llegan a la entrevista diciendo: «¡Ayúdeme, necesito un trabajo!» Por el contrario deberían decir: «¿Cuáles son sus necesidades? ¿En qué puedo ayudarles?»

Recuerde

Las cualidades que buscan los empresarios:

- Adaptabilidad.
- Compromiso.
- Creatividad.
- Capacidad para tomar decisiones.
- Anticipación.
- Habilidad para evaluar los problemas y proponer soluciones.
- Autonomía.
- Estar dispuesto a trabajar en un equipo y motivarlo.
- La facultad de aportar valor añadido al puesto y a las acciones que se realizan.

¿Cuáles son los objetivos del empresario?

- Encontrar el candidato con el perfil que más se adapte al puesto y que esté de acuerdo con la cultura de la empresa.
- Hacer un buen pronóstico: debe comprender y explicar su modo de funcionamiento y sobre todo (lo más difícil), evaluar su potencial.
- Evitar los errores ya que estos pueden salirle muy caros: reflexione con él para determinar si realmente es usted la persona adecuada para el puesto. Es inútil aparentar durante unos meses para finalmente ser despedido.
- Contratar al mejor candidato, al mejor precio y con las mejores condiciones.
- Disfrutar de su poder de decisión, de su preeminencia.
- Ser escuchado, tratado con respeto y consideración.

- Que se reconozca su buena posición dentro de la empresa.

- Convencer al candidato para que acepte el puesto bajo las mejores condiciones para la empresa.

El futuro empleador está de su lado, sobre todo si éste es el director de operaciones, y lo que quiere es terminar cuanto antes el proceso de búsqueda.

¿Cuáles son los objetivos del candidato?

- Ajustarse a las necesidades del interlocutor.

- Conseguir una oferta.

- Dominar la situación.

- Ser apreciado como persona.

¿Cuáles son las razones que llevarán al entrevistador a seleccionarle o a presentarle a su cliente si se trata de una empresa de selección de personal?

- El dinero: usted puede hacerle ganar o ahorrar dinero; demuéstrele cómo.

- El reconocimiento de los demás: al seleccionarle, el entrevistador demostrará su competencia frente a los demás cuadros directivos de la empresa.

- El futuro de la empresa: su potencial supone una inversión importante para la empresa y su futuro.

Nota: el tiempo del que realiza la selección de personal es escaso, cuenta con una gran cantidad de currículums. ¡Vaya al grano!

Sobre todo, el reclutamiento sirve para realizar una división: hay un 10% de candidatos perfectamente adecuados, un 20% que no sirve para el puesto, y un 70% medianamente adecuados. Dele los argumentos para facilitar su decisión.

Las preguntas que planteará el entrevistador sólo tienen una finalidad: ayudarle. Ha leído su currículum, quizás también la carta de presentación y, por tanto, lo que ahora pretende es conocer más su personalidad, sus competencias técnicas y su motivación.

El mejor candidato no es el que tiene una experiencia más larga o los mejores títulos, sino aquel que sabe transmitir este mensaje: «Tengo un *Know-how* (*saber-hacer*) una experiencia que corresponden a su demanda. También tengo ganas de trabajar con ustedes porque sé que puedo aportarles...»

Tranquilizar y convencer son las dos palabras claves del éxito de una entrevista de trabajo.

Seamos realistas. La mayoría de las firmas luchan constantemente por seguir siendo competitivas: el mercado es duro y peligroso. Por tanto, usted no tiene que evaluar el coste de su empleo antes de ser contratado.

No se trata de preguntarle si le gustaría trabajar, sino de averiguar si su perfil profesional responde al perfil que están buscando.

Yo no creo que existan «buenos» y «malos» candidatos: existen candidatos adecuados y candidatos no adecuados para un puesto concreto y una empresa.

Su interlocutor no tiene ningún motivo para preguntarle sobre sus calificaciones e intereses de orden personal.

Para concluir, no crea que la competencia es un factor estimulante. La persona que está delante de usted sólo podrá evaluarle comparándole con los demás.

Los tests

Muchas empresas realizan tests a los candidatos. Para ellos, es una forma de obtener un enfoque complementario sobre un candidato u otro y de seleccionar más o menos eficazmente un número importante de ellos.

Hay que ponerse en el lugar del futuro empleador: la selección es un proceso largo y costoso, en general, nunca está garantizada la devolución de la inversión en un candidato. Por esto, para las empresas, los tests son una garantía adicional de fiabilidad.

En resumen, hay cinco grandes tipos de tests:

– *Tests de personalidad*: recogen los rasgos de personalidad con respecto a una muestra de población.

– *Tests de integridad*: recogen la honestidad, grado de fiabilidad y responsabilidad del candidato.

– *Tests de rendimiento*: por ejemplo, ¿cuántas palabras por minuto es capaz de escribir a máquina una secretaria?

– *Tests de aptitud*: recogen su nivel de inteligencia y su capacidad de aprendizaje.

– *Tests de motivación*: ¿qué tipo de función es la más adecuada según sus cualidades y sus intereses?

Estudio de casos

Ana: la recién licenciada

Ana acaba de terminar su licenciatura (Empresariales/Gestión) en una universidad española. Busca su primer empleo tras haber estado tres meses realizando prácticas en un departamento contable. Para Ana es difícil responder a la pregunta «¿dónde estoy actualmente?». En efecto, sin tener experiencia, no es fácil que sepa identificar sus fuerzas, debilidades, aptitudes.

En realidad, lo que tiene que hacer es reconocer que sus opciones profesionales son muy numerosas: puede trabajar de comercial, en el departamento de marketing, en el de finanzas, y ¿por qué no?, montar una empresa. La mayoría de los jóvenes con los que me encuentro creen todo lo contrario: que tienen poco donde elegir, que los cursos de perfeccionamiento y los «Masters» condicionan toda su futura carrera. Nada de eso. Ana puede esperar a tener 28 o 30 años y algo más de experiencia, para elegir su camino con más precisión.

Nunca se la recomendaría a ciertos responsables de recursos humanos, empleadores o colegas que todavía tienen demasiada tendencia a etiquetar rápidamente a la gente. Nuestra joven licenciada puede tranquilizarse, las cosas están cambiando. Hoy en día, lo que cuenta cada vez más es la personalidad, el carisma y las competencias técnicas, que se adquieren a lo largo de una carrera, y no las cualidades personales.

Ana, para hacer su balance, partió de sus cursillos, sus «trabajillos» de verano, y de las responsabilidades que pudo tener en la universidad.

Juan: el joven abogado

Juan tiene 30 años. Trabaja para un despacho de abogados británico. Actualmente, su actividad profesional le obliga a dejar de lado otros aspectos de su vida. Esto le produce estrés y una cierta culpabilidad: juega menos a tenis y algunos fines de semana tiene que dedicarlos a trabajar. Este desequilibrio es normal, la mayoría de la gente deja que las cosas se le escapen de las manos antes de decidirse a tratarlas.

Para Juan es esencial encontrar un equilibrio entre su vida profesional y la privada. Puede también elegir entregarse del todo a su carrera. Mi consejo es decirle lo peligroso que resulta en nuestra época «apostar todo a una sola carta». Juan debería fijarse unas normas en su vida: por ejemplo, «trabajaré diez o doce horas diarias excepto los jueves que dedicaré dos horas a hacer deporte, y además sólo trabajaré uno de cada cinco fines de semana». Al final de su balance, Juan llega a la conclusión de que su objetivo a largo plazo es convertirse en socio de su despacho de abogados.

A partir de este objetivo yo le aconsejaría dos cosas:

- Que evaluara regularmente su actuación para sus superiores jerárquicos.
- Que tuviera un plan alternativo por si acaso no llega a ser socio.

Anticipar es el secreto del éxito de una buena gestión de carrera. Puesto que Juan conoce bien el derecho comercial, una alternativa posible sería llegar a ser director jurídico en una empresa de productos de gran consumo.

Pablo: el director general

Pablo tiene 44 años, es ingeniero de formación, y además tiene un MBA. Dirige una PYME del sector mecánico de la cual es también accionista. Hace 5 años que es presidente de la compañía.

A pesar de que la compañía es rentable, la crisis ha ralentizado el crecimiento de la empresa y disminuido las responsabilidades de Pablo. Él es consciente de que tiene un buen trabajo, considerando la actual situación del mercado de trabajo. Sin embargo, se aburre y no aprende nada en su función.

Tiene por tanto que realizar urgentemente un balance con dos objetivos:

- Reencontrar en su trabajo actual nuevos retos, nuevas responsabilidades, un nuevo entusiasmo.
- Encontrar una situación en otra empresa y así mejorar sus técnicas de entrevista para llegar a ella perfectamente preparado.

En efecto, a este nivel las oportunidades son escasas y Pablo tendrá que realizar numerosas entrevistas antes de encontrar el puesto ideal.

Pablo parece ir claramente «marcha atrás», debe replantearse sus objetivos profesionales y personales. Al principio de su carrera tenía un plan a corto plazo: encontrar un puesto comercial, y uno a largo plazo: llegar a director general y, a poder ser, accionista minoritario.

Actualmente ya lo ha conseguido, pero se encuentra con que no tiene un objetivo a largo plazo y no tiene una visión clara sobre cuál es o debería ser el futuro de su carrera. No ha actualizado sus objetivos.

Debería fijar rápidamente sus objetivos a corto y largo plazo, y definir los medios que va a utilizar para conseguirlos, tanto si decide quedarse como abandonar su empresa actual.

Sofía: la ama de casa

Sofía tiene 35 años, licenciada en informática y 7 años de experiencia en una empresa de servicios informáticos como jefa de un proyecto. Su carrera progresó satisfactoriamente hasta que decidió interrumpirla para tener sus dos hijos.

Actualmente, sus hijos van al colegio y Sofía quiere volver de nuevo a trabajar: más que por necesidad económica por sentirse activa, relacionarse con gente y estimular su intelecto.

Este cambio de vida es algo así como un examen para Sofía. No sabe cómo puede vender sus competencias técnicas y sus aptitudes en un mercado de trabajo tan cambiado.

El objetivo de Sofía es hacer un balance en el que sopesar todo aquello que puede aportar a una empresa. Después elegirá, entre sus competencias y aptitudes, aquélla que prefiera. Partiendo de este objetivo, elaboró un perfil tipo de puesto ideal y se puso a buscar. Si se diera cuenta de que sus competencias ya no son las que más interesan actualmente, debería formarse rápidamente antes de buscar un trabajo. A fin de cuentas, Sofía no debe menospreciar su papel de madre cuando haga su balance. Sofía debe anteponer las cualidades que ella ha podido desarrollar en esta función: la gestión financiera del hogar (presupuestar los gastos, pago de facturas, gestión de la cuenta bancaria), la organización, la dirección, la ética, la tolerancia y la adaptabilidad.

Sofía verdaderamente ha perdido ciertas competencias técnicas, pero éstas son compensadas largamente por otras cualidades humanas que puede que no tenga una soltera consagrada enteramente a su trabajo y con una vida un poco desequilibrada.

Después de finalizar su balance, Sofía llega a la conclusión siguiente:

– Buscar un empleo que le permita adquirir nuevas competencias y que no sea demasiado estresante. A largo plazo, le gustaría llegar a ser una consultora independiente. Este plan «secreto» le da una confianza doble en la búsqueda de un nuevo empleo.

Pablo: el director financiero

Pablo tiene 51 años, acaba de ser despedido de su empresa, que había sido objeto recientemente de una Oferta Pública de Adquisición (OPA). La empresa decidió eliminar su puesto al estar duplicado.

Ha trabajado durante catorce años en la misma empresa, seis de ellos en su primer puesto. Se ha consagrado enteramente a esta compañía que

tenía dificultades económicas importantes, sin obtener a cambio una recompensa: horarios interminables, pocas vacaciones, ningún aumento de
sueldo, y finalmente el despido.

Pablo, a la hora de hacer el balance, se ha dado cuenta de que su lealtad
no ha contado para nada en la decisión de la multinacional. No consigue
un nuevo empleo y está tan desorientado que no está seguro de querer
seguir en el mundo de las finanzas.

Pablo debería hacer tres cosas:

- – Hacer balance de sus competencias y aptitudes.
- – Decidir a dónde quiere ir entre los próximos tres y seis años.
- – Conocer las reglas nuevas del mercado de trabajo.

Y todo ello lo tiene que hacer urgentemente, puesto que no ha respetado las reglas descritas en la página siguiente, no está preparado.

Debe dejar a un lado su amargura, ésta no le llevará más que al desem-
pleo de larga duración, y debe trabajar para adaptarse y trazarse una nueva
carrera.

Recuerde

Las diez reglas para dirigir su carrera en el mundo de los negocios:

1. Abandone los antiguos conceptos:

    Siempre habrá un empleo que se adecúe a mis competencias (sí, siempre que las vaya actualizando regularmente).

    Trabajar durante mucho tiempo para un sólo empresario es algo positivo, ya que denota cierta lealtad.

    Mi jefe se va a ocupar de mi carrera.

    Etc.

2. Lleve una vida equilibrada.

3. Usted es el responsable de su carrera: de sus éxitos y de sus fracasos.

4. Haga balances regularmente: verifique su «empleabilidad» y si sus competencias siguen estando solicitadas en el mercado de trabajo.

5. Verifique que su carrera va avanzando.

6. Sea capaz de cambiar de competencias técnicas si las suyas se quedan obsoletas.

7. Sepa utilizar las nuevas técnicas: principalmente las informáticas.

8. Asuma la responsabilidad de su propia formación.

9. Planifique su carrera a corto, medio y largo plazo, y haga planes por si tiene que modificarla.

10. Administre su carrera con «sana inquietud».

2
La Entrevista: Técnicas y Estrategias

El dominio del teléfono

La utilización del teléfono es una parte integrante del proceso de búsqueda de empleo. Es importante que los candidatos dominen esta herramienta, ya que el número de entrevistas que consiga es directamente proporcional al número de llamadas telefónicas que haya realizado.

Tanto si usted recibe una llamada (directamente de un cazatalentos o como respuesta a una carta que haya enviado presentando su candidatura), como si es usted quien llama, tendrá que dominar dos técnicas. Este es el objeto de este capítulo.

Superar el miedo al teléfono

No se haga ilusiones, es normal que obtenga respuestas negativas a su demanda de una entrevista. Para obtener respuestas positivas es preciso respetar las leyes estadísticas: cuantas más llamadas realice, más respuestas obtendrá y por tanto, más posibilidades de éxito. Además hay que tener siempre presente el hecho de que usted nunca molesta a su interlocutor, ya que le va a proponer una oportunidad interesante para él y para su empresa: la de trabajar con usted. Puede ser que sus competencias y sus talentos sean los que el interlocutor lleva buscando desde hace mucho tiempo.

Por último, no olvide que tiene ventajas sobre su interlocutor.

- Sabe más sobre él que lo que él conoce sobre usted. Usted sabe qué cualidades posee que le pueden interesar al interlocutor. A éste seguramente le impresionará su nivel de preparación.

- Seguramente coge a su interlocutor por sorpresa. Mientras que usted está preparado para esa llamada, él no lo está.

- Tiene un objetivo en mente: conseguir una cita.

Algunas reglas a respetar:

- Prepare un bolígrafo, un papel y su agenda para tenerla a mano cuando realice la llamada.

- Nunca telefonee desde la cama o en pijama; métase en un contexto profesional.

- Telefonee desde su despacho a la hora del descanso: ¡hay que respetar un mínimo de ética!

- Evite una entrevista por teléfono: finja no poder hablar demasiado tiempo por teléfono y tendrá ocasión de presentar su currículum más en detalle durante la entrevista.

- No deje nunca el mensaje en un contestador automático; vuelva a telefonear más tarde.

- Las mejores horas para telefonear: antes de las 9 de la mañana, antes de comer y después de las 6.30 de la tarde. Pruebe a llamar el sábado por la mañana.

Cuatro métodos para superar la barrera de la secretaria

Método n°. 1

El teléfono suena, la secretaria lo coge. Usted con una voz bien firme pregunta por su interlocutor: «¿Podría hablar con el Sr. Durán, por favor?» Dos posibilidades: ha ido a dar con una secretaria inexperta y le pasa directamente, o ha ido a topar con una secretaria experta y le pregunta: «¿De qué se trata?» En este momento hay dos soluciones. Si ya le ha escrito una carta de presentación en la cual le advierte de su llamada, simplemente tendrá que decir: «El Sr. Durán espera mi llamada». Si pretende entrar en contacto con él sin haber enviado previamente una carta o el currículum, explique muy brevemente a la secretaria el motivo de su llamada: «Tengo que hacer una propuesta al Sr. Durán relacionada con mi solicitud del puesto de ... que le va a interesar. Serán sólo dos minutos».

Método nº. 2

Si la secretaria es particularmente difícil, intente ser amable: «Señorita, sé que su responsabilidad es proteger la agenda de su jefe, pero tengo una propuesta muy interesante que hacerle, será sólo cuestión de un minuto».

Método nº. 3

Desarrollar una relación con la secretaria. Ellas suelen ser una buena fuente de información. Anote su nombre y así la próxima vez que telefonee podrá llamarla por su nombre. Si ella tiene una buena relación con usted por teléfono, podrá probablemente abogar por usted ante su jefe.

Método nº. 4

Si la secretaria es verdaderamente severa, telefonee a las horas en las que ella no trabaja o intente conseguir la línea directa de su interlocutor.

Su interlocutor intenta entrevistarle por teléfono

Una vez haya conseguido entrar en contacto con su interlocutor, lo más probable es que éste no intente acordar una cita, sino que tratará de hacerle una entrevista previa por teléfono para validar algunos aspectos.

Desconfíe de las entrevistas por teléfono; la mayoría de los candidatos son rechazados después de 5 o 10 minutos de entrevista telefónica. Lo mejor que puede hacer es preparársela.

Posible secuencia:

Le pasan con el interlocutor.

«Soy el Sr. Durán. Dígame»

«Buenos días Sr. Durán. Soy el Sr. Carlos Ruiz. Soy Director de Producto en la compañía X&Z y le escribí una carta la semana pasada. He lanzado exitosamente el producto 'X' y sé que mi experiencia podría ser útil para su empresa. Estoy pensando en reunirme con usted el miércoles día 29 a las 14h45 ó el jueves 30 a las 18h15 (el cuarto de hora es una posible astucia para que su interlocutor no tenga la impresión de que va a estar obligado a pasar una hora de entrevista con usted). ¿Qué fecha le convendría más?»

Difícilmente el interlocutor responderá negativamente a este tipo de cuestión. Podría reaccionar negativamente alegando diferentes objeciones:

– No he recibido su carta.

– No me acuerdo de su carta.

Respuesta: «Siento mucho que no la haya recibido, de todas formas estaré encantado de presentarle mi experiencia el martes por la mañana o el miércoles por la tarde. ¿Qué día le va mejor a usted?»

– «¿Por qué no me envía simplemente su currículum?»

Respuesta: «Por supuesto, hoy mismo se lo envío. Simplemente para verificar que mi perfil puede interesarle, ¿podría precisarme las competencias y cualidades que usted está buscando para cubrir ese puesto?

De esta manera usted está respondiendo puntualmente a su interlocutor y reenganchando la conversación, consiguiendo además la información precisa que le permitirá ajustarse mejor a las necesidades de la empresa.

– «Todas las candidaturas son tratadas por el departamento de personal.»

Respuesta: «Lo comprendo. ¿Podría hablar con alguien en particular?»

Telefonee al departamento de personal diciendo: «El Sr. Durán me ha recomendado que les telefonee en relación al puesto de...»

– «Antes de nada me gustaría saber cuáles son sus pretensiones económicas.»

Respuesta: No hay ninguna forma de evitar esta cuestión; podría responder diciendo: «En este aspecto, me gustaría precisarle que mi ambición primordial es encontrar la empresa adecuada y el puesto interesante», «estaría muy contento de hablar con usted el jueves por la mañana o el viernes por la tarde, ¿qué hora es mejor para usted?»

Si usted recibe rechazo tras rechazo en una empresa, intente ver si conoce a alguien que pudiera hacerle la intermediación, si no es así busque otra empresa.

La entrevista por teléfono: un método en auge

La entrevista por teléfono se utiliza para seleccionar candidatos y no para reclutarlos. El objeto del entrevistador es detectar por teléfono si un candidato reúne las aptitudes necesarias para un puesto (competencias técnicas, lingüísticas, edad,...) Para usted es una buena oportunidad de brillar, ya que la mayoría de los candidatos no se preparan las entrevistas telefónicas y normalmente son cogidos desprevenidos.

Su objetivo en una entrevista por teléfono es:

Obtener una cita con el entrevistador

Para ello le recomendaría que:

Tenga siempre cerca de su teléfono los siguientes documentos:

- Su agenda para poder aceptar rápidamente una cita.
- Un currículum.
- Una lista de respuestas a las preguntas claves.
- Una carpeta con una copia de los anuncios a los que ha respondido.
- Un bloc, un lápiz y una calculadora.

Si le llaman al lugar de trabajo

Su jefe actual no está al corriente, cierre la puerta y pregunte su nombre al interlocutor, el de su empresa, su número de teléfono, el motivo de su llamada y pregúntele si puede devolverle la llamada más tarde o incluso por la noche a su casa. Así podrá prepararse un poco la conversación.

Si le llaman a su casa

Lo mismo que antes. Dese un poco de tiempo para preparar la conversación. Diga que le volverá a llamar.

Consejo: ¡Sonría cuando hable por teléfono –esto se nota! Emplee un tono de voz cálido.

Un ejemplo de entrevista telefónica:

Usted recibe una llamada:

«Buenos días señor, me llamo X y le llamo del despacho Y. Le llamo en relación con el currículum que usted nos envió porque me gustaría hacerle unas breves preguntas».

– Intente obtener el máximo de información: haga que repita su nombre, el número de teléfono, la dirección de la empresa, el motivo de la llamada...

– Escuche y hágale saber al interlocutor que le está escuchando: «Si he comprendido bien, están buscando un director financiero para reemplazar...»

– Algunos entrevistadores intentarán desconcertarle: «¿Por qué ha dejado su trabajo?». Esté preparado para ello.

– Compruebe sus respuestas: «¿He respondido como usted esperaba a su pregunta? ¿La he desarrollado suficientemente?

– No se precipite: no hable demasiado rápido, no quiera decirlo todo en 5 minutos porque es imposible.

– Su objetivo: conseguir una cita.

– Evite las cuestiones difíciles: diga al entrevistador que para responder a este tipo de cuestiones cree más conveniente reunirse con él: «Esta es una cuestión importante. Teniendo en cuenta mi larga experiencia en este terreno, creo que será mejor que nos reunamos para hablar. Yo podría reunirme con usted el jueves hacia las 6 de la tarde, ¿es una buena hora para usted?»

– Dé las gracias a su interlocutor.

– Escriba una carta de agradecimiento.

> *El valor es la primera de las cualidades humanas*
> *ya que ella garantiza todas las demás.*
>
> ARISTÓTELES

Cómo hacer frente a las objeciones por teléfono

Todas las objeciones pueden ser eludidas, vamos, por tanto, a ver varios ejemplos. Notará que todas las respuestas a estas objeciones terminan con preguntas que le permitirán comprender mejor los motivos de éstas.

Cuando usted se enfrente a las objeciones, tenga en cuenta que no ganará nada con la confrontación; al contrario, tiene que intentar comprender el punto de vista de su interlocutor. Así, deberá escuchar, dar a entender a su interlocutor que le está comprendiendo: «Comprendo su posición», «Estoy de acuerdo con usted», «Por supuesto...», «De todas formas, me gustaría subrayar el punto siguiente...», «¿Usted no piensa que...?»

«¿Por qué no envía su currículum?»

Dos posibilidades: o bien su interlocutor está realmente interesado por su currículum, y debe enviarlo porque es el primer paso del proceso de selección de la empresa, o bien, es la manera más educada de deshacerse de usted.

Usted tiene que ver cuál es la intención de su interlocutor:

Una posible secuencia: «Por supuesto Sr. Duran, podría decirme cuál es exactamente su cargo y su dirección?... Gracias. Para asegurarme de que mis competencias encajan con las necesidades de su empresa, ¿podría precisarme qué tipo de competencias busca para este puesto?»

El candidato, de entrada, está de acuerdo con su interlocutor, reconoce su consideración y le formula una cuestión cuya respuesta reactivará la conversación y obtendrá una información muy precisa.

«No tengo tiempo de verle»

«Señor, comprendo que tenga todo el tiempo ocupado. De todas formas, es el tipo de ambiente en el que me gustaría trabajar. ¿En qué momento está usted menos ocupado? ¿Por la mañana o por la tarde?»

En general, su interlocutor escuchará la conversación y le pedirá que llame más tarde.

Otra posible respuesta (igual de agresiva):

«Estaré en su ciudad mañana por la mañana, ¿podría pasar a visitarle a las once o a la una?»

«Su salario es demasiado elevado»

Si han llegado a abordar el nivel del salario, quiere decir que su interlocutor está interesado por sus competencias y su experiencia. Sólo queda un problema: intente evadirlo rápidamente a fin de obtener una cita (negociar el salario).

«Nosotros sólo reclutamos por promoción interna»

«Lo comprendo perfectamente Sr. Durán, el modo en que ustedes promocionan a sus empleados es precisamente una de las razones por las cuales me gustaría entrar en su empresa. Estoy realmente interesado por su empresa: ¿cuándo seleccionan a gente externa a la empresa?, ¿para qué tipo de puestos?»

Se habrá dado cuenta de que con estos dos tipos de preguntas está suponiendo que la empresa selecciona también a gente externa a la empresa a pesar de que el interlocutor le ha dicho lo contrario.

Usted ha evitado su objeción de forma profesional: todas las empresas seleccionan gente de fuera.

«Debería dirigirse al departamento de personal (o de recursos humanos)»

«Por supuesto, Sr. Durán. ¿Con quién debería hablar del departamento? ¿Qué puesto he de indicar?»

Si el interlocutor le habla de un puesto específico, ¡es un buen comienzo! «¿Podría darme más detalles del puesto?»

«Buenos días Sr. M (del departamento de personal). El Sr. X del departamento de marketing me ha sugerido que hablara con usted sobre el puesto de... a fin de concertar una entrevista.»

Un consejo: diríjase primero a alguien de un departamento operacional ya que estará menos colapsado de llamadas que el de personal. A continuación, telefonee al departamento de personal diciendo que le ha recomendado tal persona del departamento de operaciones. Atención: en una empresa, sólo el departamento de personal está al corriente de todos los puestos disponibles.

«No necesito a nadie como usted»

¡Esto marcha mal! No se dé por vencido. Siempre podría preguntarle: «¿No sabría de alguien que esté buscando a alguien con mi perfil?» «¿Cree que quedarán puestos disponibles en su empresa dentro de unos meses?»

Respuesta: «Puede ser». «¿Cuándo debería volver a telefonearle?» ¡No tenga miedo a preguntar!

«¿Quién en su empresa podría necesitarme?»

«¿Tiene su empresa alguna filial que pudiera necesitarme?»

«¿Cuáles son las empresas de su sector que tienen una tasa de crecimiento más elevada?» «¿A quién debería dirigirme?

El material necesario para la entrevista

- Un bloc de notas en el que escribir: las notas que tome durante una entrevista le servirán para preparar otras entrevistas. Por otra parte, tomar notas demuestra a la persona que le está entrevistando que está interesado por lo que le está diciendo.
- Un currículum idéntico al que había enviado.
- El texto del anuncio de prensa o de internet, si lo hay.
- Copia de los artículos, memorias y estudios que usted haya publicado.
- La lista de cuestiones que le gustaría formular.
- Una agenda (por si tienen que programar una segunda cita).
- La hoja de salarios y contratos de trabajo (aunque raramente se lo pedirán).

Lista de cosas a comprobar antes de la entrevista

- He hecho mi autoevaluación lo más sinceramente posible.
- Domino perfectamente mi currículum.
- Conozco bien la empresa y sé con quién me voy a entrevistar.
- Soy consciente de qué es lo que puedo aportar a la empresa.
- He preparado una serie de cuestiones precisas sobre la empresa en la que espero entrar a trabajar.
- He preparado el itinerario a seguir para ir a las citas (la puntualidad es esencial).
- Tengo en mente el nombre y la función de la persona con la que me voy a entrevistar, además de un número de teléfono por si tengo que telefonearle.
- Me he vestido de acuerdo con el puesto y la empresa.

¿Por qué es importante dar al interlocutor una buena primera impresión? Simplemente porque las personas, entre todos los sentidos, dan importancia casi siempre a la información obtenida por la vista. Ver para muchos de nosotros es creer, o la primera impresión que tendrá su interlocutor será una impresión esencialmente visual.

Imagine la escena: usted lleva las manos sucias, las uñas desarregladas y su maravillosa chaqueta azul marino está cubierta de caspa. El profesional de la selección lo va a notar enseguida, y ya antes de empezar la entrevista habrá creado una impresión negativa, cuando en realidad estos detalles son fácilmente corregibles.

Por eso, antes que nada debe dar una impresión general de aseo y limpieza. A continuación, su vestimenta, su actitud deberán reflejar una profesionalidad que permitirá a su interlocutor reconocerse en usted. En efecto, la gente tiene tendencia a juntarse con aquéllos que son similares a ellos.

De ahí, la importancia de interesarse sobre los usos y costumbres de la empresa por la cual usted está interesado. Voy a buscar a un candidato a la sala de espera. Entra, le doy la mano y le acompaño a mi despacho.

Durante los 30 primeros segundos me he formado una primera impresión, positiva o negativa. La entrevista me permitirá validar o no mi primera hipótesis.

La primera impresión es por tanto esencial, ya que suele ser la base de la entrevista. Es muy importante que desde el primer momento usted esté dispuesto y sonriente.

Recuerde

Cómo manejar el retraso a una entrevista:

- Tanto si el retraso es de cinco minutos como si es de veinte, avíselo siempre.

- No se precipite: si ya ha avisado de su retraso, pida 5 minutos extra para lavarse las manos y relajarse.

- Lleve siempre consigo una ficha con el nombre, número de teléfono y dirección de su interlocutor, así como unas monedas o su teléfono móvil por si le tiene que telefonear.

La presentación

Usted será juzgado por su presentación en un cuarto de segundo, y la primera impresión será determinante. Ni que decir tiene que su aspecto debe ser impecable y que cualquier detalle desentonante llamará en seguida la atención de su interlocutor.

Regla principal: la presentación ha de ser acorde a la actividad de la empresa y al puesto solicitado; sin duda, opte por estar impecable.

La vestimenta

Con razón o sin ella, la indumentaria que usted lleve produce un efecto. La vestimenta profesional es el portavoz de una identidad pública: ésta indica la apariencia que queremos dar a la función que ocupamos. Por consiguiente, cuidar el aspecto es un signo de autoestima: evite los colores vivos (rosa fucsia, rojo escarlata,...); elija mejor un gris claro, antracita, colores crema, el negro,...; evite los escotes, las minifaldas, los calcetines blancos, rojos o amarillos...

Elija aquellas prendas con las que usted se sienta a gusto. Todos tenemos algunas prendas con las que nos sentimos mejor. No olvide que la vestimenta que usted lleve el día de la entrevista debe estar limpia y planchada.

– *El traje:* debe ser exactamente de su talla; atención a las mangas, pantalones o chaquetas demasiado largas.

El pantalón debe descansar sobre los zapatos; ni demasiado largo, ni demasiado corto, nadie debería ver su pierna al sentarse.

Por último, destierre el viejo traje que le da un aspecto rígido y almidonado.

Siga la moda adaptándola a su estilo: elija por ejemplo, un traje de tres botones en lugar de uno de cuatro, pero evite los de dos botones que ya están pasados de moda.

– *La camisa:* no lleve camisas con cuello demasiado grande; debe poder pasar un dedo, pero nunca dos. Compruebe que los puños y el cuello no estén gastados.

– *La corbata, el pañuelo, el cinturón y los zapatos:* no apriete muy fuerte el nudo de la corbata. La punta de la corbata debe cubrir la hebilla del cinturón. Éste último debería ser del mismo color que los zapatos, y los calcetines deberían ser de un color similar al del pantalón. Evite el pañuelo, excepto en aquellos trabajos específicos en los que éste sea admisible: pañuelo blanco para negocios y pañuelo de color para publicidad/comunicación.

El detalle que más cuenta suelen ser los zapatos: no lleve nunca zapatillas deportivas ni zapatos gris claro.

Los accesorios

Aunque preferentemente son las mujeres las que llevan accesorios, ambos sexos utilizan joyas y se perfuman. Un solo consejo en este punto: la moderación. Evite llevar pulseras que hagan ruido y distraigan al interlocutor. Lo mismo para los hombres, evite una cadena enorme o cualquier otra joya; usted no conoce el gusto de su interlocutor, puede llegar a rechazarle por un pequeño detalle como éste. Ya se lo volverá a poner cuando le hayan contratado.

El perfume debe ser muy ligero para las mujeres y los hombres preferiblemente deben evitarlo. Los hombres también tienen que evitar el bolso de mano, escoja mejor una cartera.

El cabello

Su cabello debe estar siempre limpio y aseado.

Si tiene caspa vaya a una farmacia a comprar algún tratamiento anticaspa.

Recuerde durante la entrevista que su objetivo es centrar la atención en su experiencia y sus ideas, y no en su aspecto.

Los dientes

Los dientes limpios son el resultado de una buena higiene bucal. Si usted no los tiene limpios seguramente tendrá mal aliento. Si éste es su caso, su entrevistador estará más preocupado por evitar su aliento que por escucharle. Si tiene problemas acuda a un dentista, es una buena inversión cuando se está buscando empleo.

Por último, no olvide lavarse los dientes si la cita es justo después de una comida.

Las manos

Las manos y las uñas deben estar impecables. Basta con un buen cepillo y una buena lima.

La voz / La entonación

¡No hable demasiado rápido! Si habla despacio su discurso será más comprensible y atractivo. A los políticos les aconsejan que en sus discursos respeten la siguiente ecuación: tiempo de palabra = tiempo de silencio. La voz es preferible a la voz gangosa o demasiado chillona. ¡Entrénese!

La postura

Sea natural, siéntese cómodamente: si retrocede está buscando protegerse; si avanza intenta convencer; si siempre guarda la misma posición, está rígido; si cuando está sentado se mueve constantemente, está nervioso.

Tenga siempre presente estas afirmaciones. No se trata de aplicarlas al pie de la letra, sepa que esa persona a la que se está dirigiendo, suele ser sensible.

Todo lo dicho, puede parecerle un tanto caricaturizado, pero usted no puede ni imaginarse la gran cantidad de candidatos que se rechazan por culpa de los pequeños detalles.

Cuando hay candidatos equivalentes, siempre se elegirá a aquél que lleve las uñas limpias y no tenga caspa.

En una ocasión pregunté a un candidato sobre las razones de su rápido éxito cuando buscó trabajo, y me contesto: «Presté atención a los pequeños detalles. Utilicé papel o me lo grave en la cabeza, perdí 8 kilos, abrillanté mis zapatos antes de la entrevista... Si uno se siente con ventaja, si se encuentra bien consigo mismo, tiene una actitud positiva que transmitirá a su interlocutor». Nada que añadir, tiene toda la razón.

Recuerde

Mala postura:

- Mantener las piernas apretadas la una contra la otra, las manos encima de cada pierna: «Soy dócil, manejable, concienciado, estoy perfectamente cualificado para funciones subalternas».

- Mantener los brazos cruzados, el tobillo encima de la rodilla opuesta: «Soy inaccesible, me protejo». No muestre nunca la suela de sus zapatos.

Buena postura:

- Las piernas simplemente cruzadas, un brazo sobre el reposabrazos y el otro sobre una pierna. Cabeza y espalda rectas, manos sueltas. Relájese porque la tensión siempre provoca un bloqueo de los músculos (rostro rígido, sonrisa forzada...)

La expresión oral

Evite:

- No terminar las frases.
- Los tics del lenguaje.
- El lenguaje impreciso: «Pues, pequeño, cosita,...» que indican una pobreza de vocabulario o cierta pereza intelectual.
- Las frases hechas o demasiado rebuscadas.

El vocabulario

- Emplee frases cortas y precisas, verbos de acción.
- Evite las palabras con una connotación negativa: «Problema, duda, mal humor, preocupación», al igual que los rodeos negativos.
- Evite el lenguaje rebuscado, seco y las palabras de argot.
- Absténgase de decir «se» con demasiada frecuencia. Indica que usted se pone por detrás de los demás. Lo mismo ocurre con la utilización frecuente del «yo» que denota un ego hiperdesarrollado.
- Suprima la jerga técnica, sobre todo en la primera entrevista. Usted se está dirigiendo a alquien que no tiene por qué conocer todos los detalles de su oficio.

La mirada

No desvíe su mirada. Una mirada directa indica generalmente un contacto fácil, bien instalado en el presente. Una mirada baja denota maldad y disimulo. Una mirada demasiado alta denota una personalidad imaginativa pero que huye de la realidad.

Los primeros cinco minutos de la entrevista. La primera impresión

Nunca tendrá una segunda oportunidad de dar una primera impresión.

SIR MICHAEL PAGE

Usted llega a la empresa. Empiece diciendo su nombre a la recepcionista procurando no precederlo de un Señor o Señora, signo un tanto pretencioso. Responda educadamente a las fórmulas de acogida del reclutador y preséntese.

«Buenos días Señor Durán, encantado de conocerle y gracias por recibirme.»

Dé la mano franca y firmemente (si en la sala de espera nota que sus manos están sudorosas, ¡láveselas!). Espere a que el entrevistador inicie la conversación. Deje que él vaya delante cuando se dirijan a su despacho. Absténgase de hacer ningún comentario inútil como: «La vista desde su despacho es formidable», o «Su local es precioso». Pregunte dónde puede dejar su abrigo y espere a que le invite a sentarse.

> *Hay gente tan pesada que le hará perder una jornada en cinco minutos.*
>
> JULES RENARD

La importancia del orden en la entrevista

Sin haberlo demostrado científicamente, nosotros nos hemos dado cuenta de que el orden en la entrevista puede influir en el resultado final.

Es mejor ser recibido entre la última mitad de los candidatos, y esto es así por varias razones:

- Los primeros candidatos normalmente permiten al seleccionador definir mejor el puesto.
- La imagen de los últimos candidatos entrevistados está siempre más fresca en la mente del entrevistador.
- El entrevistador, que al principio siempre busca los tres pies al gato, acaba por suavizar su postura en vista de las dificultades que encuentra en la selección.

Deje siempre una foto suya al interlocutor al final de la entrevista, si es que no la adjuntó ya a su currículum. Esto le permitirá al entrevistador acordarse mejor de usted a la hora de decidir a quién quiere volver a ver. No olvide indicar su nombre y número de teléfono en el reverso de la foto.

Qué hacer cuando le hacen esperar para una entrevista

Una espera aceptable puede ser de entre cinco y quince minutos. Si la espera se prolonga diríjase a la secretaria o recepcionista y pregúntele si la hora que tenía para la entrevista era correcta. Lo más normal es que la hora fuera la correcta y así se lo confirmará la secretaria, que le indicará también cuánto tiempo más tiene que esperar.

Qué actitud adoptar en una entrevista

«Ser uno mismo» no es la mejor actitud

Me he encontrado con candidatos que me dicen que les han aconsejado «ser ellos mismos». Para mí esto es un error. En efecto, ¿qué parte de usted mismo tiene que encarnar? Nuestros roles cambian, nuestra personalidad cambia. Usted es al mismo tiempo director financiero, padre de familia...

«Sea usted mismo» no quiere decir nada

Durante una entrevista usted tiene que jugar un papel: el de una persona que está buscando un nuevo empleo y que tiene algo que aportar a una empresa. No hay nada deshonroso en ello.

«Ser natural» también es una mala actitud

Tenga cuidado, la naturalidad no es siempre la mejor actitud. Rascarse es un acto natural, sin embargo, rascarse ostensiblemente delante del entrevistador puede ser malinterpretado.

Es preciso comprender que la entrevista no es una confesión en la que tiene que exponer todos sus defectos e imperfecciones, especialmente cuando no se tiene ninguna información sobre el puesto.

Una entrevista tampoco es un intercambio filosófico o cultural en el que el candidato libera sus pensamientos bajo el pretexto de ser honesto, natural o uno mismo. Este es un juego peligroso.

A no ser que tenga delante de usted a un gran profesional de la entrevista, es importante que se dé cuenta de que la entrevista casi siempre es imparcial, impersonal e inmaterial. Su interlocutor puede eliminarlo a causa de su barba, o porque le guste la pesca...

Es por esto que la actitud a adoptar en una entrevista debe ser la siguiente:

Dar lo mejor de uno mismo, únicamente lo mejor: ¡ésta es la actitud correcta!

La entrevista no es una discusión abierta en la que cada uno está en igualdad de condiciones con el otro. Usted es el vendedor, y el entrevistador es el comprador.

Antes de haber recibido la oferta, es su interlocutor quien tiene la sartén por el mango. Usted no tendrá ningún poder hasta que no haya recibido una oferta.

Algunos consejos adicionales

- Sonría; es el mejor lenguaje del cuerpo.
- Sea positivo y entusiasta: nadie lo será por usted.
- No dé la sensación de aburrirse aunque el trabajo y el entrevistador parezcan aburridos.
- Intente conseguir una oferta, así reforzará su autoconfianza. No está obligado a aceptarla.
- Vigile el humor: contrólelo con tacto.
- Intente suscitar la simpatía de su interlocutor. Lo más probable es que seleccione a aquéllos con los que se sienta a gusto.

Recuerde

Los objetivos de su entrevista:

- Convencer al interlocutor de que usted es el candidato que más se adapta al perfil que está buscando.

- Informarse sobre la empresa y sobre qué esperan de usted.

- Negociar y tomar una decisión en caso de que le hagan una oferta.

- Sacar siempre algún provecho de la entrevista, sea el que sea.

- Establecer una relación entre usted y su interlocutor.

Recuerde

Algunos trucos para combatir el miedo:

- Relajarse el día anterior a la entrevista (ver una buena película).

- Cansarse físicamente (hacer deporte).

- Realizar ejercicios de respiración abdominal: la relajación muscular provoca un sosiego mental. En posición vertical, respirar profundamente.

- Preparar la entrevista con los amigos.

Recuerde

El candidato nunca debería ser:

- El charlatán inagotable que no deja hablar a su interlocutor.
- El preguntón que no cesa de hacer preguntas.
- El silencioso que sólo responde a las preguntas con monosílabos (sí, no...). No sabe venderse y no es ni entusiasta ni positivo.
- El candidato que no tiene interés ni entusiasmo (generalmente lo manifiesta al no hacer preguntas).
- El candidato pretencioso: lo ha visto todo, lo sabe todo sobre todo, y lo ha hecho todo.
- El candidato indiscreto: revela cosas confidenciales sobre su empresa.
- El candidato que no escucha o que escucha mal.
- El candidato que no tiene delicadeza.

3
Los diferentes comportamientos adoptados por el entrevistador durante su entrevista

Existen tantos comportamientos diferentes como entrevistadores. La entrevista es un arte difícil, poco dominado y raramente practicado de forma regular en la empresa.

Puede ser que su interlocutor le sorprenda o le decepcione.

El objeto de este capítulo es advertirle sobre los diferentes comportamientos con los que usted se encontrará, para evitar así desagradables sorpresas.

1. La entrevista ideal

En mi opinión, la entrevista debería tener la siguiente estructura:

• Una duración de entre una hora y una hora y media.

• El entrevistador empieza anunciando el plan de la entrevista al candidato.

• El candidato presenta brevemente su currículum (máximo entre 5 y 10 minutos).

• El entrevistador le hace preguntas sobre su currículum.

• El entrevistador describe el puesto de trabajo.

- El entrevistador pregunta al candidato si tiene alguna pregunta que hacer sobre el puesto.

- El candidato hace las preguntas que tenga sobre el puesto (aborda también por encima la negociación del salario).

- Conclusiones: ¿qué piensa el candidato sobre el puesto? ¿quiere el reclutador a ese candidato para el puesto?

Todo hombre tiene tres caracteres: el que tiene, el que muestra, y el que cree tener.

HENRI BECQUE

Recuerde

Evite:

- Aburrir a su interlocutor contándole sus problemas.
- Lamentarse del contexto exterior (¡Qué crisis más tremenda!)
- Contar su vida.
- Contradecir al interlocutor o emitir dudas sobre sus capacidades (puede que usted tenga razón, pero no conseguirá el empleo).

Haga:

- Vaya directo al grano
- Hable de sus aficiones (sin dar la impresión de que éstas usurpan su vida profesional).
- Simplifique su mensaje.
- Sobre cada uno de los puntos que se traten, intente convencer al interlocutor de que usted tiene ventaja sobre los demás candidatos.

2. La entrevista en la que sólo habla el candidato

El entrevistador se limita a formular una pregunta, muy general, al principio de la entrevista: «Hábleme de usted», o «Presente su currículum», o «Preséntese a usted mismo»...

Recite alegre y atractivamente lo que usted es. No aburra al entrevistador contándole cronológicamente los acontecimientos de su vida. Se trata de desarrollar su currículum y de convencer al que le está escuchando de que usted está realmente motivado. Su exposición no debería exceder los 10 minutos, a no ser que usted tenga treinta años de experiencia. No hable demasiado porque todavía no tiene información concreta sobre el trabajo. En efecto, cuanto más hable más agotará su energía y más armas dará a la parte contraria para desestabilizarle. Con este tipo de entrevista, su interlocutor o bien pretende poner a prueba sus nervios demorando lo más posible la información sobre la función, o bien no es lo suficientemente habilidoso en el arte de la selección de personal o bien es demasiado tímido.

¡Usted es el que tiene que sacar conclusiones si esa persona va a ser su futuro jefe!

Sea quien sea su entrevistador, usted debe ser siempre preciso y coherente.

Recuerde

A la cuestión «Hábleme de usted» o similar:

- El momento de inicio de esta exposición es crítico. Es por tanto imprescindible que usted se prepare elaborando por escrito una pequeña síntesis de unos cinco minutos, en la cual dé prioridad a sus realizaciones y competencias técnicas: de esta manera los argumentos expuestos armonizarán mejor con las exigencias de la función.

- También puede responder: «Podría contarle muchas cosas, pero quiero asegurarme de concentrarme en lo realmente importante. ¿Qué le interesaría saber en particular?»

- De manera general, cuanto más vaga sea la cuestión más conviene acotarla.

3. La entrevista silenciosa

Algunos entrevistadores recurren al silencio con el fin de desestabilizar a la persona que están entrevistando. Desconcertado, el candidato tenderá a llenar el vacío hablando demasiado. Ya lo hemos visto, el hablar demasiado es un error.

Sígale el juego, respete usted también los momentos de silencio (nunca más de 10/15 segundos) y realice la siguiente cuestión para reafirmar lo que acaba de decir: «¿Es suficiente mi respuesta o prefiere que la desarrolle más?»

4. La entrevista libre

Esta entrevista es similar a la segunda, aunque en ésta le harán algunas preguntas. Aproveche estas preguntas como oportunidades para venderse y transmitir su mensaje.

5. La entrevista de preguntas/respuestas

Es una de las más comunes y eficaces. Funciona como un verdadero intercambio: le hacen preguntas y usted responde a ellas con la posibilidad de hacer hincapié en un punto u otro.

¡Desconfíe! No pierda nunca de vista que usted está ahí para venderse y no para discutir gratuitamente con una persona que le es simpática. El entrevistador de vez en cuando podrá tenderle una trampa. Por consiguiente, mantenga su mente abierta y despierta.

6. La entrevista dirigida

Si le imponen un plan, respételo escrupulosamente. Cualquier desvío será duramente sancionado. Será sometido a un gran número de preguntas: si usted está bien preparado no tendrá ningún problema.

7. La entrevista de examen técnico

Muy frecuente para los puestos técnicos: contable, ingeniero,... Se enfrenta a una situación de tipo técnico, inherente al ejercicio de la función.

8. La entrevista bajo presión

Este tipo de entrevista, aunque bastante inusual, pretende ponerle a la defensiva y analizar sus reacciones. Probablemente va a tener que sufrir; puesto que el mundo de los negocios no es precisamente tierno y delicado, a muchos directivos les encanta ejercer una presión psíquica importante sobre los candidatos: sus resultados serán minimizados, sus decisiones criticadas, al igual que sus cualidades personales...

No se deje alterar y no saque conclusiones prematuras. No es más que una técnica de entrevista y a los demás también se la han aplicado.

Cuestiones que pueden realizarle en este tipo de entrevista

– ¿Tiene suerte en la vida?

- – ¿En mi vida profesional o en la personal? (Esta pregunta le dejará veinte segundos de respiro para reflexionar).
- – La respuesta debe ser afirmativa. Intente argumentarla con ejemplos concretos.

– ¿Es usted rico?

- – Hay muchos tipos de riqueza: económica, intelectual, espiritual. Pregunte a qué tipo de riqueza está haciendo referencia: «¿En cuál está usted pensando?»

– Explíqueme por qué usted está delante de mí

- Descargue siempre una cuestión agresiva con una sonrisa, responda tranquilamente insistiendo en los aspectos positivos de su itinerario.

Puede decir algo así como:

«En primer lugar, tengo que agradecerle el haberme dado la oportunidad de reunirme con usted. Para responder rápidamente a su pregunta diría que estoy aquí por dos motivos. Usted está buscando un candidato experimentado en el sector... y que hable perfectamente inglés.»

A partir de estos dos criterios usted desarrollará rápidamente su currículum teniendo cuidado de dar prioridad a lo que usted aporta en su situación actual.

Por último, vigile su lenguaje corporal. No deje transpirar su emoción tocándose nerviosamente las manos o adoptando otras actitudes descuidadas.

9. La entrevista basada en el comportamiento

Este tipo de entrevista está siendo utilizado cada vez más: se basa en un principio que consiste en decir que el pasado de un individuo permite a menudo predecir su futuro. Este tipo de entrevista le propone contar los ejemplos de aquello que usted ha realizado para ilustrar sus logros: ¿qué comportamiento tuvo usted en este tipo de situación?, ¿qué hizo usted?, ¿cuándo?, ¿qué haría si...? Explíquemelo... Descríbamelo... ¿Cuándo?...

– Cuente el momento en que su empresa fue vendida, ¿qué le dijo a sus colaboradores?, ¿cómo les motivó?

– ¿Podría darme un ejemplo de un momento en el que usted tomara una decisión estratégica?

Su interlocutor está más interesado por su manera de razonar y solucionar problemas que por la historia en sí misma. De ahí la importancia de tener bien preparada su entrevista; le será muy difícil contar las experiencias si antes no ha reflexionado sobre ellas.

Una petición inaceptable

En ocasiones la empresa que le entrevista le pedirá que trabaje en un proyecto. Exigir a los candidatos que preparen un plan de marketing para un nuevo producto y que lo defiendan en la entrevista, puede suponer un derroche de tiempo y dinero. A mí me parece inaceptable y dudoso según la ética, puesto que normalmente el candidato victorioso se beneficiará del trabajo de los candidatos desafortunados.

Desgraciadamente, no existe una solución milagrosa para evitar este tipo de práctica. Yo le aconsejaría dos cosas: marcar en cada una de las páginas «propiedad de...» y «confidencial/privado» y hacer saber a su interlocutor que el trabajo que le pidió le va a ocupar demasiado tiempo y si no habría alguna posibilidad de realizar otro más corto. Si su interlocutor es sensato, seguramente admitirá que le está exigiendo demasiado y reconsiderará su postura.

¿Cómo rechazar una entrevista con un entrevistador incompetente?

Este tipo de entrevistas es probablemente una de las más difíciles de realizar: usted tiene en frente a una persona imprevisible. Suele ser una persona con gran experiencia, pero totalmente incompetente en cuestión de selección. El problema está en que normalmente estos entrevistadores no se dan cuenta de su incapacidad. Piensan que su experiencia humana y su *feeling* son suficientes para no equivocarse.

Si al acabar una entrevista usted tiene la impresión de que su interlocutor no conoce nada de usted, de sus competencias, realmente habrá estado conversando con un entrevistador incompetente.

Veamos, mediante unos ejemplos concretos, cómo comportarse frente a este tipo de interlocutores:

- *El entrevistador no para de hablar por teléfono y con las personas que entran*

Anote en un bloc el momento en el que usted ha interrumpido su conversación. Refresque la memoria de su interlocutor, él se quedará impresionado por la suya. Además así tendrá más tiempo para reflexionar.

- *El entrevistador no encuentra su currículum. Su despacho está tremendamente desordenado*

Tranquilícese, no demuestre estar enfadado. Facilítele otro currículum que habrá tenido la precaución de llevar.

- *El entrevistador se pasa treinta minutos seguidos hablando*

Intente aprovechar las pausas para avanzarle sus competencias y averiguar las necesidades de su futuro empleador.)

Lo peor que puede pasarle es que no tenga tiempo de formularle preguntas porque ha hablado demasiado rato.

«Sr. Pérez, ¿le interesaría que le hablara de mi experiencia como contable?» Normalmente le dejará hablar.

- *El entrevistador sólo le presenta los aspectos negativos del puesto de trabajo*

No se deje desanimar, sígale la corriente diciéndole que ha captado su mensaje, pero que de todas formas en todos los trabajos hay cosas negativas, y que usted ve muchos puntos positivos en ese trabajo y en la empresa.

• *El entrevistador dedica todo el tiempo a describir la cultura
y el tipo de gente que quiere en su empresa*

Diga simplemente que es el tipo de cultura que usted siempre ha buscado. ¡Si éste es el caso!

• *El entrevistador sólo le hace preguntas directas*

Este tipo de preguntas requieren las respuestas: sí/no. Estas cuestiones
no le permiten exponer claramente sus aptitudes, sus rasgos de personalidad. Por tanto, no dude en desarrollar sus respuestas.

Ejemplo:

Pregunta: «¿Le gusta trabajar bajo presión?»

«Sí, creo que una cierta dosis de presión es positiva. Permite mantener
una atención continua. Pienso también que en el mundo tan cambiante
en el que vivimos es esencial saber trabajar bajo presión.»

• *El entrevistador no le mira a los ojos cuando le habla*

Puede ser que su entrevistador sea tímido, o que no esté siendo franco,
o las dos cosas a la vez. Intente ayudarle, sonría, no le mire demasiado
fijamente a los ojos, facilítele la tarea: «¿Le gustaría que le hablara de mi
experiencia de...?»

10. La entrevista por vídeo conferencia

Este tipo de entrevista es cada vez más común; permite ahorrar los gastos de transporte.

Consejos para triunfar en este tipo de entrevista:

– Mire a la cámara de frente (no de perfil ni medio inclinado), verifique que su cara no brilla (transpiración); un poco de maquillaje no
le irá mal.

– El color de la vestimenta: evite el blanco, el negro y las rayas, al igual que los colores vivos.

No haga demasiados gestos con las manos, no se balancee en el asiento, no se acerque demasiado a la cámara.

En algunas ocasiones, para las vídeo conferencias a larga distancia, habrá un efecto retardado (como ocurre en el teléfono); téngalo en cuenta durante su conversación.

Mantenga un contacto visual, sonría.

> *Hay un lugar al sol para todo el mundo,*
> *sobre todo cuando todos quieren estar a la sombra.*
>
> JULES RENARD

El entrevistador: algunos ejemplos de tipos de personalidad

• *El pensador*

Este tipo de interlocutor es el que toma las decisiones basándose principalmente en los hechos concretos.

Habrá estudiado a conciencia su currículum antes de la entrevista y lo utilizará como trama de la entrevista con usted.

El entrevistador intentará encontrar los fallos de su currículum y querrá escuchar con todo detalle los momentos importantes de su carrera.

En la mayoría de los casos el interlocutor tomará notas y demostrará poco sus emociones.

• *El amigo*

El entrevistador tomará su decisión a partir del *feeling* que tenga con usted, la manera en que piensa que se entenderá con usted.

Contrariamente al pensador, este tipo de entrevistador deja hablar a sus emociones y a su corazón. Si usted mira su despacho, lo más probable es que tenga fotos personales. Esta persona intentará que usted se sienta cómodo, buscará sus zonas de interés común. Atención, esto no quiere decir que usted pueda bajar la guardia ni que no tenga que responder completamente y con hechos a las cuestiones que le plantee.

• *El conductor*

Esta persona utilizará más los hechos y un poco de su emoción para juzgarle y llegar a una conclusión sobre usted.

Al conductor le encantan los hechos, pero no le gusta que sean rígidos y estereotipados. Prefiere un discurso que salga de su interior y que suscite cierta emoción. ¡Atención!, lo que más busca este tipo de individuos en sus candidatos es lealtad y obediencia. Busca a los soldados que quieran ir a proteger su reino.

Por este motivo, estos entrevistadores suelen eliminar a aquellos candidatos que muestren o intenten demostrar originalidad o iniciativa. Si la autonomía es vital para usted, compruebe si está frente a un conductor y huya.

• *El líder*

No espere tener una entrevista típica con este tipo de individuos. Le planteará todo tipo de cuestiones para intentar imaginarle en diferentes tipos de situaciones y de relaciones. Por ejemplo: pregunta «¿Cuál ha sido el día más feliz de su vida?»; o «Podría explicarme por qué las bocas de las alcantarillas son redondas?».

La intención de este entrevistador no es realmente saber si el candidato corresponde al perfil y se integrará en la estructura, sino más bien ver cómo aplicará su experiencia a la resolución de problemas. Este tipo de interlocutor podrá de repente decidir que usted no conviene para el puesto. Sin embargo, le hablará de algún otro puesto dentro de su empresa. Usted tendrá que ser simple, flexible y reflexionar rápidamente, para ver cómo puede interesarle su experiencia.

Lo ha entendido; si el entrevistador le «está calibrando» usted deberá hacerlo también y además rápidamente. No hay nada de deshonesto en que ajuste sus respuestas a la personalidad de su interlocutor.

Reglas para enfrentarse a una objeción

A veces, el entrevistador no querrá revelar sus objeciones. En efecto, puede que ya tenga un candidato en mente y esté deseando finalizar la entrevista, sabiendo que ya ha tomado una decisión. El método para «hacer salir» las objeciones eventuales de su interlocutor es delicado: pone en evidencia los problemas, pero es esencial ya que revela los obstáculos que tendrá que superar para triunfar.

La mayoría de los candidatos con los que hablo piensan que durante la entrevista es mejor no hablar de las cosas negativas. Gran error. En efecto, si usted no ha identificado y respondido a las impresiones negativas de su interlocutor, tiene pocas posibilidades de ser contratado.

Evidentemente, durante este ejercicio deberá estar sereno y ser paciente. Por supuesto nunca es agradable escuchar al interlocutor decir por qué uno no ha sido contratado para un empleo.

• *Escuche para comprender la objeción*

Escuchando atentamente, atraerá el respeto de su entrevistador. Esto le animará a hacer preguntas sobre aquellos puntos problemáticos.

Si usted piensa que un pregunta esconde una objeción, no responda en seguida. Intente comprobar sus dudas: «¿Podría precisarme su pregunta?»

• *Demuestre a su interlocutor que ha comprendido su punto de vista (su objeción) repitiéndolo con sus propias palabras*

«Si he comprendido bien, usted piensa que mi experiencia de director de créditos no ha sido lo suficientemente larga para ocupar el puesto que usted está intentando cubrir. ¿Es éste el único obstáculo a mi candidatura?»

Si la respuesta es afirmativa, deberá insistir sobre este punto.

• *Neutralizar la objeción*

Ahora que el entrevistador ya sabe que usted ha dedicado su tiempo a escucharle, que ha comprendido su problema, es necesario estar preparado para escuchar bien la información que intentará responder a este problema.

Para explicar bien el proceso vamos a poner un ejemplo:

Supongamos que usted es jefe de producto de una compañía de cosméticos y está solicitando un puesto idéntico en un sector nuevo, por ejemplo, el automovilístico.

La objeción de su interlocutor es legítima: se pregunta si sus competencias y su experiencia podrán aplicarse a un entorno totalmente diferente.

El entrevistador intenta finalizar cuanto antes la entrevista.

Entrevistador: «Bien, si no tiene ninguna otra pregunta...»

Candidato: «No, creo que ya he hecho todas las preguntas que quería hacer. ¿Hay alguna cosa, de las que le he dicho, que le haya convencido menos sobre mi capacidad para ocupar ese puesto?»

Entrevistador: «No, creo que no. Podría ser que no conoce el sector automovilístico, pero esto no es primordial».

Candidato: «Sí, este tema no lo hemos tratado en profundidad, pero al igual que usted yo también pienso que este aspecto puede ser muy importante para el puesto. Con respecto a esto me gustaría precisar dos puntos importantes: aunque no haya trabajado nunca en el sector del automóvil, lo conozco muy bien; me apasiona y por eso leo regularmente las revistas de este sector y creo comprender perfectamente su problemática. Además, creo que soy capaz de aportarle los métodos de marketing transferibles a su sector».

En este momento, compruebe,: «¿Qué más puedo decirle sobre este punto?»

En general, si usted ha conseguido tranquilizar a su interlocutor, éste le responderá:

«Muy bien gracias, ha respondido a mi pregunta».

En el transcurso de la 2ª o 3ª entrevista, e incluso durante la primera, puede darse el caso de que el entrevistador decida que no es el candidato más apropiado. Es en este preciso momento cuando deberá estar mejor armado para hacer frente a las objeciones. Como en cualquier venta usted también deberá superar la prueba de las objeciones.

Primera objeción: el despido

Usted ha sido despedido y evidentemente no lo ha mencionado en su currículum, y su interlocutor lo descubre al hacerle la pregunta siguiente:

Entrevistador: «Veo que ha dejado la empresa AB&Co. en julio, ¿podría decirme por qué motivo?»

Candidato: «Bueno, en realidad me despidieron»

Entrevistador: «¿Podría contarme qué pasó?

A partir de este instante, usted deberá respetar cuatro reglas de oro para que su despido no se convierta en una objeción mayor.

- No incrimine a su antiguo jefe: muchos de los desempleados con los que me he encontrado lo hacen. Esto es contraproducente. En efecto, su futuro jefe se dirá que si usted es capaz de criticar a su antiguo jefe, hará lo mismo con él. Además tenga cuidado porque es posible que conozca a esa persona a la que usted está criticando.

- No se quede con el lado negativo de las cosas: si lo hace dará la impresión de que vive en el pasado y que por tanto el presente no es una prioridad para usted.

- Acepte sus responsabilidades: la causa de un despido no es siempre imputable únicamente a su antiguo empresario. Normalmente todos tienen algo que ver. Debería examinar objetivamente sus errores y cómo éstos han contribuido a su despido.

- ¿Qué lecciones positivas ha aprendido?

Toda experiencia tiene su lado positivo y su lado negativo. Debería por tanto intentar convencer a su interlocutor de que esa experiencia le ha ayudado a madurar y de que no volverá a cometer los mismos errores.

Algunos ejemplos de preguntas que representan una objeción de despido:

- ¿Cómo explicaría su despido?

- ¿Por qué las cosas empeoraron?

- ¿Qué podría haber hecho que no hiciera para cambiar el resultado?

- En su opinión, ¿qué influencia ha tenido su rendimiento en la decisión de su despido?

- ¿Por qué no ha sido capaz de entenderse con su jefe?

- ¿No lo vio venir?

- ¿Por qué reaccionó tan tarde?

- Cuando vio que su empleo corría peligro, ¿por qué no fue a hablar con su superior?

- ¿Por qué no fue a ver al jefe de su jefe?

- ¿Había ya tenido problemas similares en algún otro empleo?

- Ahora que ha pasado por esta experiencia, ¿qué va a cambiar?

Segunda objeción: la edad

A pesar de que está totalmente prohibido descartar a un candidato por su edad, los candidatos que están entre los 50 y 60 años son los que más posibilidades tienen de quedarse en el paro.

La principal objeción reside en el hecho de que los empresarios creen que un candidato de avanzada edad será más caro, rendirá menos, o tendrá más problemas de adaptación que otro más joven. Igualmente, algunos empresarios con los que me he entrevistado dicen que un candidato de avanzada edad dejará antes la compañía y que por tanto, la devolución de su inversión será menos gratificante...

Ejemplo de entrevista ilustrando esta objeción:

Entrevistador: «En AB&Co., usted dirigía a 25 personas; en este trabajo sólo tendrá responsabilidad directa sobre 3 personas y esto, durante un periodo de por lo menos 3 años».

Candidato: «Soy perfectamente consciente de ello, pero la dirección no es mi principal motivación. Siempre he dirigido grandes equipos, y lo hago bien. Actualmente, lo que más me interesa de un trabajo es el reto de hacer prosperar a un equipo reducido de la empresa».

Entrevistador: «¿Es consciente de que en este trabajo tendrá mucha presión?»

Candidato: «Es precisamente esto lo que me interesa. Tengo buena salud y este reto es como ya le he dicho, lo que me interesa. En mis empleos anteriores, siempre he tenido que hacer frente a la presión. Llevo una vida muy equilibrada y por tanto creo que podré transmitir este equilibrio a mi equipo».

Tercera objeción: el sexo

En algunas empresas, a las mujeres se les da menos oportunidades que a los hombres. Durante la entrevista, podrán surgir muchas objeciones referentes a este tema:

- El entrevistador tiene dudas sobre la capacidad de una mujer para ejercer una función directiva.
- El entrevistador cree que una mujer casada no podrá consagrarse enteramente a su trabajo a causa de sus responsabilidades familiares.
- Una mujer rendirá menos en un trabajo que requiera muchos desplazamientos.
- Una mujer rendirá menos que un hombre en un entorno industrial...

Podríamos enumerar una lista infinita de objeciones a este respecto. Algunas ideas para contrarrestar este tipo de objeciones son las siguientes:

Una manera de sondear a su interlocutor sobre el tema puede ser formulándole la siguiente pregunta:

«¿Cuántas mujeres directivas hay en su empresa?»

Esta es una cuestión que hará poner a su interlocutor a la defensiva, pero que en general, le permitirá ver si tiene problemas con respecto a la contratación de mujeres en su compañía.

Además, es importante preparar argumentos para tranquilizar las dudas que el interlocutor pueda tener sobre su facilidad para combinar su vida profesional y su vida familiar.

Cuarta objeción: la minusvalía de un candidato

El problema reside en primer lugar en el hecho de que muchos entrevistadores dudan de la capacidad de los minusválidos para realizar determinadas tareas, y en segundo lugar, en la incomodidad de estar frente a un minusválido, una nueva experiencia para muchos.

Algunos consejos:

– Si su interlocutor no aborda el tema de su incapacidad, no lo aborde usted tampoco.

– Concentre su exposición en sus competencias y en la plusvalía que usted puede aportar.

– Si nota que su interlocutor se muestra reservado sobre su solicitud, propóngale un contrato definido o temporal. Éste le tranquilizará y le permitirá ponerle a prueba.

Estudio de casos

Ana: la recién licenciada

Lo que buscan los empleadores en un recién licenciado:

– Equilibrio, ambición, adaptabilidad, ganas de aprender

Ana por tanto debe preparar su entrevista a fin de proyectar esta imagen durante su encuentro con el entrevistador.

A partir de mi experiencia, me he dado cuenta de que los recién licenciados cometen dos errores en las entrevistas:

– No son suficientemente entusiastas, les falta chispa.

– Normalmente no saben por qué están frente al entrevistador. No han leído bien el anuncio, no conocen nada de la empresa, no tienen proyectos, no se han preparado las preguntas...

Ana deberá evitar estos obstáculos y trabajar las cuestiones que le formularán sobre su trayectoria académica, sobre sus realizaciones extraescolares y universitarias. El entrevistador intentará comprender las motivaciones de Ana y evaluar si será capaz de integrarse en la compañía.

Ana también tendrá que ser profesional en su actitud (lenguaje, vocabulario, presentación,...). A menudo, los recién licenciados creen que pueden vestirse como quieran con la excusa de que todavía no han entrado en el mercado laboral. Llevar una corbata o un traje gris no le perjudicará.

La mayor parte de las recomendaciones de este libro se aplican a la búsqueda de empleo de Ana.

Juan: el joven abogado

Si Juan decide cambiar de despacho o entrar en una empresa, simplemente tendrá que aplicarse la mayoría de los consejos de este libro.

Pablo: el director general

Pablo debe aprender que para el nivel de su puesto, su futuro empresario va a ser muy inquisidor en sus preguntas y la entrevista será más larga. De ahí la necesidad de que vaya muy bien preparado.

Además su interlocutor intentará saber qué valor añadido puede aportar Pablo a la empresa. Buscará pruebas tangibles de éxito en el pasado de Pablo. Para cada frase, Pablo tendrá que demostrar, argumentar, probar con cifras y hechos concretos, que él es el hombre apropiado para el puesto.

Por último, el entrevistador seguramente hará a Pablo preguntas de situación:

«Si usted estuviera en la situación Z, ¿qué haría?»

«Si tuviera el problema de gestión X, ¿cómo lo resolvería?

Sofía: el ama de casa

En el mercado laboral actual, una persona que deja de trabajar probablemente tendrá problemas para incorporarse de nuevo. A pesar de todo Sofía tiene que intentar dar continuamente una imagen positiva y entusiasta.

Durante la entrevista, el entrevistador intentará desestabilizar a Sofía, querrá saber por qué le gustaría trabajar, si tiene que ocuparse de la casa o si quiere tener más hijos... Este tipo de preguntas es muy normal y Sofía debe contestar sin agresividad.

Pablo: el director financiero

El mayor obstáculo que Pablo tendrá que superar es su falta de confianza y la «mancha» que representa el despido en su currículum.

Por tanto, su objetivo durante la entrevista será suprimir toda señal de amargura (por muy difícil que le sea) y mostrarse lo más positivo posible. Debe evitar lamentarse de su despido y ante todo, intentar anteponer sus realizaciones, su experiencia y sus cualidades humanas.

Debe prepararse las cuestiones sobre sus aptitudes, sobre las razones de su despido. Su futuro empresario debe convencerse de que Pablo ha sido despedido por razones que no afectan a su capacidad para conseguir el empleo.

Intente en la medida de lo posible quedar en buenos términos con su antiguo jefe. Si en el pasado no lo hizo, trate de restablecer las buenas relaciones. Para ello, no espere a tener que buscar un nuevo empleo.

4

Los diferentes tipos de entrevista

1. La entrevista obtenida a través de su red de contactos

2. La entrevista con las empresas de selección de personal

3. La entrevista con un cazatalentos (*headhunter*)

4. La entrevista con una agencia de trabajo temporal

5. La entrevista con el jefe de personal de la empresa

6. La entrevista durante una comida

7. La entrevista ante un comité de selección

8. La segunda o tercera entrevista con el mismo interlocutor

9. La entrevista con otra persona de la misma empresa

10. La entrevista colectiva

11. La entrevista para un primer empleo

12. Preguntas para un primer empleo

1. La entrevista conseguida a través de su red de contactos

Muchos puestos de trabajo no se anuncian en la prensa o internet, ni pasan por los intermediarios habituales (cazatalentos, agencias de selección o de trabajo temporal...). Son puestos que se ocupan directamente con los contactos que hace el empresario.

Es primordial, por tanto, constituir una importante red de personas a la que uno pueda recurrir en todo momento. Nunca se sabe qué nos deparará el futuro. Para hacer funcionar bien la red, hay que saber sacar partido al fenómeno de la bola de nieve. Empiece por hablar de su búsqueda a sus amigos, familia, compañeros de trabajo, compañeros de promoción, a su médico, a su abogado...!

¿Qué hay que pedir a las personas de la red?

¡Sobre todo no pedir nunca un trabajo! Usted les llama para que le aconsejen sobre el sector de actividad que atrae su atención, para informarse de las funciones que apenas conoce, y por último para que le den dos o tres nombres de personas con las que pueda contactar de su parte. Si se da el caso de que su interlocutor le propone un empleo, considere que ha conseguido su objetivo más pronto de lo que esperaba.

Toda la información que reúna gracias a estos intercambios de opiniones le ayudará a sopesar los pros y los contras de un sector determinado, lo bueno y lo malo. ¡Una ventaja adicional a la hora de enfrentarse a su futuro empleador!

Un detalle, no olvide dar las gracias a la persona que le ha informado y mantenerla al tanto de sus resultados.

2. La entrevista con las empresas de selección de personal

Si existen varias categorías de personas susceptibles de encontrarle un trabajo, el objetivo de las empresas de selección es conseguirlo.

Las empresas de selección reclutan cada año en España entre el 20 y el 30% de los puestos de trabajo. Por tanto, no hay que olvidar este recurso. Procure por eso contactar sólo con las empresas de selección conocidas, con aquéllas que tengan cierta reputación. De lo contrario, su currículum irá circulando de un lugar a otro menospreciando las reglas elementales de la ética.

¿Cómo funciona una empresa de selección?

- Al consultor se le informa del puesto a cubrir. Es el propio cliente el encargado de realizar, mejor o peor, esta primera gestión.

- La empresa de selección inicia entonces la búsqueda de candidatos: mediante anuncios de prensa y/o contactando a los postulantes posibles que figuran en su base de datos.

- La empresa de selección recibe una comisión: entre el 15 y el 25% de su salario bruto anual.

- Después de haber entrevistado a una serie de candidatos, el consultor establece una «lista reducida» de cuatro o cinco que se entrevistarán con el cliente.

- La última etapa del proceso consiste en hacer una oferta a uno de los candidatos.

El consultor realiza una función intermediadora entre usted y la empresa que utiliza sus servicios. Su interés es satisfacer a las dos partes: en primer lugar a usted, ya que en el futuro puede convertirse en su cliente; y en segundo lugar, a la empresa, ya que ella podrá confiarle otras misiones si ha quedado satisfecha. Por tanto el consultor, no es ni su enemigo ni su servidor, sino que hace de filtro a través del cual pasan los candidatos para llegar al empleador.

Puesto que la empresa de selección es independiente de la estructura de la empresa y de su jerarquía, ésta normalmente demuestra una objetividad total. Se compromete a determinar con precisión el grado de adecuación entre usted y el puesto a cubrir, la cultura de la empresa, y su dirección. Como ya hemos mencionado, la remuneración del consultor depende del éxito de su misión. Por tanto, lo que le interesa es saber en qué medida su experiencia encaja con los criterios y la descripción del puesto.

Muchas veces el entrevistador, antes incluso de describirle el puesto y sus necesidades, le pedirá que se presente. Durante la entrevista, tendrá la oportunidad de indagar sobre los requisitos del puesto, con el fin de adaptar mejor su exposición.

Las preguntas a formular al consultor:

– Descripción de la empresa.

– Descripción del puesto.

– Descripción de la personalidad de la jerarquía superior.

– Descripción del programa y desarrollo de la misión.

– ¿Quién será el interlocutor de la empresa?

– ¿Hay otros candidatos? ¿Cuál es su perfil?

– ¿Dónde se sitúa mi candidatura en relación con las otras?

– Salario y ventajas: ¿con quién tendré que discutirlo? y, ¿en qué momento?

– ¿Qué piensa usted de mi currículum? ¿Cómo podría mejorarlo?

– Posibles objeciones del interlocutor con respecto a mi experiencia profesional. ¿Cómo responder a ellas?

Recuerde

Qué hay que hacer y qué no hay que hacer con las empresas de selección:

- Adoptar un tono arrogante: «Usted es quien quería verme, le escucho...»
- «Empiece hablándome del puesto...»
- «Usted me ha hecho venir... es usted quien me solicita... ¿qué salario propone usted?...»
- Reaccione serenamente, y sin brusquedad, a las cuestiones difíciles.
- No intente hacer creer que todavía está trabajando, si no lo está. El consultor puede perfectamente telefonear a su antiguo empleo.
- No intente engañar sobre su verdadero carácter, el consultor experimentado no se equivocará. Si lo hace, estará revelando un comportamiento artificial y el consultor intentará desestabilizarle.
- Absténgase de hacer preguntas técnicas. Éstas incomodarán a su interlocutor ya que éste no siempre dispone de los medios para responder a ellas (sobre todo cuando se trata de una empresa no especializada).

---

3. La entrevista con un cazatalentos (*headhunter*)

¿Cómo funcionan los headhunters *?*

Generalmente los *headhunters* sólo reclutan para puestos en los que el salario es superior a 12,5/15 millones de pesetas.

Sus honorarios representan un tercio de la remuneración bruta anual del primer año. Se abonan en 3 partes: una tercera parte al principio de la misión, otra tercera parte cuando presenta a los candidatos (a la «lista reducida») y la otra parte cuando el candidato seleccionado firma la oferta.

Las posibilidades de obtener un puesto mediante un *headhunter* son mínimas. Por un lado, tienen pocos puestos a cubrir (problema del *Off-*

Limit[1]) y por otro, solicitan un número importante de candidatos para cada puesto: entre cincuenta contactados, veinte serán mencionados al cliente, doce pasarán una entrevista y cinco, los de las lista reducida final, se entrevistarán con el empresario.

La toma de contacto con un headhunter se desarrolla de la siguiente manera: usted recibe una llamada en su despacho: «Buenos días Sr. X. Llamo de la firma de *headhunters* Z&Cía. Uno de mis clientes está buscando un director financiero para un puesto en una multinacional americana... ¿Podría dedicarme unos minutos?»

Tanto si usted está deseando modificar la trayectoria de su carrera como si no, se le ha presentado una oportunidad. ¿Cómo reaccionar?

Responda prudentemente manifestando interés. Tenga cuidado con los despachos de *headhunters* que son enviados de incógnito, y con una ética un tanto dudosa, por ciertas empresas para comprobar la lealtad de sus directivos.

Formule las siguientes cuestiones

- ¿Cuáles son las principales responsabilidades del puesto?
- ¿Por qué quieren cubrirlo?
- ¿Cuál es el nivel de salario propuesto? (para que no le hagan perder tiempo)
- ¿El buscador tiene la exclusividad de la misión? Dicho de otra manera, la misión es tratada de forma absolutamente confidencial.
- Y por último, si no conoce a los que le han llamado o si duda de su reputación, interrógueles y oblígueles a enviarle informes más amplios sobre la firma.

Si las respuestas le satisfacen, podrá aceptar una entrevista. Este primer encuentro no será muy diferente a la tradicional entrevista de trabajo con

---

1 *Off-limit:*compromiso que tiene el *headhunter* por el cual durante un periodo de tiempo no podrá contactar directamente con los directivos de su cliente para hacerles ofertas de trabajo; también existen limitaciones por sectores de actividad.

un empresario. La única diferencia es que el cazatalentos está más entrenado en este ejercicio, su tarea consiste en evaluar su potencial.

No olvide formularle numerosas cuestiones sobre el puesto, ya que tanto él como usted deberán estar convencidos de que el cambio favorecerá su carrera profesional.

- ¿Desde cuándo está vacante el puesto? (si hace mucho tiempo que lo está pregunte con qué dificultades se han encontrado para no haberlo cubierto todavía)
- ¿Por qué no se ha hecho todavía ninguna oferta?
- ¿Cuáles son las dificultades mayores del puesto?
- ¿Qué tamaño tiene el departamento, la cifra de negocio, y la estrategia?
- ¿Cuáles son los objetivos generales de la empresa?
- ¿Qué produce la empresa, qué servicios presta?
- ¿Cuál es el posicionamiento de la empresa en su mercado?
- ¿Qué es lo que hace que una persona triunfe en esa empresa?
- ¿Qué posibilidades de desarrollo hay?
- En su opinión, ¿cuáles son las ventajas para mí de este cambio de puesto?

4. La entrevista con una agencia de trabajo temporal (E.T.T.)

El trabajo temporal puede ser una solución excelente si:

- Usted está estudiando y le gustaría trabajar durante las vacaciones.
- Se acaba de licenciar y todavía no sabe en qué especializarse o en qué tipo de empresa integrarse (una PYME o una multinacional). Este tipo de trabajos le permitirán definir un poco el horizonte y hacia dónde quiere dirigirse.
- Aspira a modificar radicalmente la trayectoria de su carrera, y por esto, quiere probar nuevas alternativas antes de decidirse.
- Le gustaría beneficiarse de unos horarios flexibles sin un compromiso anual.

– Y por último, está en paro y desea encontrar un trabajo lo antes posible.

En resumen, el trabajo temporal le da la libertad de trabajar cuándo y dónde usted quiera, teniendo en cuenta que este trabajo muchas veces se convertirá en un contrato definitivo.

La agencia de trabajo temporal recoge menos información del candidato y al mismo tiempo se muestra más cauta que otros intermediarios a la hora de dar información sobre el puesto a cubrir (cazatalentos, agencias de selección,...).

El entrevistador de una agencia de trabajo temporal buscará sobre todo verificar sus competencias técnicas.

Las cuestiones a plantear

– Preguntas habituales sobre las responsabilidades,...

– Posibilidades de desarrollo, oportunidades de contrato indefinido,...

– Tarifas, honorarios,...

Busque una buena ETT: asegúrese de la calidad de los empleos propuestos, ¿paga correctamente la ETT?, ¿propone nuevos empleos rápidamente al finalizar un contrato?...

No olvide inscribirse en varias agencias con el fin de optimizar sus posibilidades.

5. La entrevista con el jefe de personal de la empresa

Normalmente, antes de encontrarse con su futuro jefe (operativo), tendrá que verse con el jefe de personal (responsable de selección, director de recursos humanos,...)

Su objetivo es averiguar si el perfil del candidato coincide con el que ha definido el jefe operativo. Es algo así como un consultor interno a quien el jefe operativo le ha pasado un pedido. Puesto que su propósito general es arriesgar lo menos posible, normalmente se cuida mucho de ser demasiado creativo.

Para responder a las preguntas simples que le planteará cada uno de los entrevistadores (ver capítulo seis), tendrá que conocer a fondo la cultura y los productos de la empresa en la que le gustaría trabajar. El jefe de personal siempre considera como primordial un aspecto que sea la verdadera garantía de la coherencia de los contratados en la empresa. Si considera, que por una u otra razón, usted tendrá dificultades para asimilar la cultura de la empresa, le descartará.

La entrevista

Existen tantos tipos de entrevista como directores de personal. Algunas son formales y estructuradas, otras son más informales y relajadas. El objetivo del jefe de personal es comprobar su veracidad, para verificar que habrá química entre usted y los miembros de la empresa. Es necesario respetar cierta homogeneidad entre los equipos; este es un ejercicio bastante complicado ya que con este sistema tan poco creativo hay muchas posibilidades de llegar a crear una empresa de clones.

Algunas reglas esenciales que hay que respetar

- Facilítele la tarea: su misión es vender su candidatura a aquellos que quizás sean sus colaboradores. Expóngale sus puntos fuertes y sobre todo, procure acentuar su capacidad para responder a las necesidades propuestas por el jefe operacional, ya que él es quien las ha descrito.

- Sea claro, preciso, conciso: no mienta sobre su capacidad porque le descubrirán.

- Procure no ponerle en un aprieto con sus preguntas. No le haga sentir que sabe más que él sobre la empresa, o que él es incapaz de responder a cuestiones que en teoría debería dominar perfectamente.

- No le importune con un discurso demasiado técnico. Evidentemente, él conoce bien la empresa, pero no tiene por qué conocer todos los detalles de su oficio.

- Por último, tenga en cuenta que el jefe de personal va a hacerle preguntas sobre su personalidad y sus motivaciones.

Las preguntas a formular

- ¿Cuál es el estilo de dirección de la empresa?

- ¿Cómo seré evaluado? ¿Bajo qué criterios será juzgado mi rendimiento?

- ¿Cuáles serán mis responsabilidades principales?

- ¿Cómo es la personalidad del líder? ¿Su estilo de dirección? ¿Su evolución en la empresa?

- ¿A dónde puede llevar este puesto?

- ¿Por qué ha dejado el empleo la persona anterior?

- ¿Hay mucha rotación de personal dentro de la empresa?

- ¿Cuál es el perfil de la gente que triunfa en la empresa?

La entrevista con los jefes de personal o equivalentes, que intervienen al principio o al final del proceso de selección, es primordial ya que ésta influye fuertemente en los jefes operativos o en las jerarquías superiores. Estos últimos no dudan en utilizar las conclusiones de sus compañeros de recursos humanos para confortar su opinión.

- El tema del salario suele ser abordado por el jefe de personal. Por tanto esté preparado para responder a esta cuestión (ver capítulo cinco).

6. La entrevista durante una comida

Algunos de mis clientes tienden a ver por segunda vez a los candidatos que integran la lista reducida, en el transcurso de una comida. Esta es una buena técnica ya que permite aprender mucho sobre el candidato. Desconfíe de esta experiencia peligrosa, ya que lo más probable es que acabe desvelando confidencias y por tanto cometiendo errores.

Algunas sencillas reglas útiles para pasar esta prueba sin accidentes

- Prepárese de la misma manera que lo hace para una entrevista normal y no baje nunca la guardia.

- Por muy amigable que sea el ambiente, no olvide nunca que está siendo juzgado. Su actitud, sus gestos, pueden traicionarle.

- No beba alcohol. Si su interlocutor le presiona a tomarlo, beba lo mínimo, y contrarreste con mucha agua.

- Si es posible no fume.

- Pida los platos que conoce, que le gusten y que sean fáciles de comer: ¡evite los cangrejos!

- Si no le sirven la comida como a usted le gusta, por ejemplo la carne demasiado cruda, no la devuelva nunca a la cocina: sobre todo, ¡no arme ningún follón!

- Sea educado con los camareros aunque sean incompetentes.

- No proponga nunca pagar la cuenta, está invitado: la cuenta entra en los gastos de su interlocutor. Tampoco olvide nunca darle las gracias: la educación es muy importante. Por último, aprovéchese también de la ocasión para hacerse una idea de la personalidad de su entrevistador.

7. La entrevista ante un comité de selección (de dos a cuatro personas)

Si ser entrevistado por una sola persona intimida realmente, todavía es peor estar frente a varios individuos al mismo tiempo.

Por eso es importante:

- Saber quién le va a recibir para no ser cogido por sorpresa.

- Conocer los nombres y cargos de aquellos que le van a entrevistar.

- Prepararse activamente: usted será sometido a un bombardeo de preguntas.

- Mirar a los ojos de los diferentes entrevistadores: mirar no sólo al que le está entrevistando, sino a todos los demás participantes.

- Dirigirse a cada uno de los interlocutores de la conversación uno detrás de otro.

- Dar la mano y sonreír a todo el mundo, al principio y al final de la entrevista.

8. La segunda o tercera entrevista con el mismo interlocutor

Llegado este punto de la selección, usted habrá pasado brillantemente a las semifinales: su interlocutor está dudando entre dos o tres candidatos.

Todos ustedes están en igualdad, y por tanto, lo que tiene que hacer el entrevistador es deshacer el empate, cosa nada fácil.

¿Qué tiene que hacer?

- Reconsidere las exigencias de la oferta con el fin de dar a conocer aquellos logros que todavía no haya tenido tiempo de exponer, siempre que sean pertinentes.

- Matice sus preguntas, así demostrará haber reflexionado desde la útlima entrevista que le realizaron.

- Retome algunos de los temas tratados en la primera entrevista: diga por ejemplo, «Cuando nos reunimos hace dos semanas, usted me mencionó una posible expansión de su empresa por Estados Unidos. En este aspecto me gustaría precisarle que tengo una excelente experiencia de dos años como responsable de la filial americana de X. También he podido familiarizarme con... Por tanto, creo que su producto tendrá mucho éxito en ese país por las siguientes razones....»

- Intente abordar ciertos puntos de los que no haya quedado convencido y exponga sus argumentos.

9. La entrevista con otra persona diferente de la misma empresa

En muchos casos, a los candidatos se les reúne con varios interlocutores de una misma empresa. Multiplicando las opiniones, la empresa que selecciona se da más margen de maniobra. En estas circunstancias, tiene que saber que aquél que le vio en primer lugar y a quien le gustó, puede que no tenga autoridad para decidir. ¡Qué decepción! Sea quien sea, tiene que prepararse como si la persona que va a recibirle no conociera nada de usted, teniendo en cuenta que va a tener que responder a las mismas preguntas que le hicieron en su primer encuentro.

Esto no quiere decir que tenga que respetar al pie de la letra todo lo que dijo anteriormente. Es muy posible que este segundo o tercer interlocutor tenga un enfoque diferente del puesto de trabajo y, por tanto, se fije en otros aspectos. ¡Adáptese al nuevo enfoque!

Y aproveche esta oportunidad adicional para venderse de nuevo, y sobre todo, para aprender todavía más sobre el puesto y la empresa. ¡Haga preguntas!

10. La entrevista colectiva

Este tipo de entrevistas se desarrollan de la siguiente manera: en una sala de reuniones se reúnen varios candidatos al mismo puesto de trabajo, con uno o dos entrevistadores.

Esta técnica se utiliza principalmente para el reclutamiento de masas: recién licenciados o comerciales.

En este tipo de entrevista tendrá que debatir un tema: usted será por ejemplo, el equipo de redacción de un periódico que tiene que salir al cabo de dos horas. Los entrevistadores analizan con esta técnica las reacciones de cada uno de los participantes y su personalidad.

Su objetivo principal es encontrar un buen equilibrio en sus palabras. No intervenga nunca en la conversación a no ser que tenga alguna cosa interesante y constructiva que decir.

11. La entrevista para un primer empleo

Me ha parecido importante dedicar una parte específica a este tipo de entrevistas. El hecho de que usted tenga poca experiencia y práctica con las entrevistas, requiere algunos consejos para realizarlas con éxito.

¡Prepare, prepare, prepare!

Sólo hay una solución para pasar el trago: ¡la preparación! Debe entrenarse a fondo en su casa y en la universidad. Pida a sus amigos, padres que le hagan una entrevista. No podrá permitirse el lujo de pedir que un entrevistador profesional repita una entrevista, sobre todo cuando le ha propuesto el primer empleo de su vida.

Sus debilidades

No tiene o tiene muy poca experiencia. A pesar de todo, intente ver cuáles son los elementos de su currículum que pudieran interesarle a su interlocutor.

Sus puntos fuertes

- Su conocimiento acerca del sector de actividad de la empresa para la cual usted solicita el empleo(cursos de perfeccionamiento).
- Su conocimiento acerca de la función que está solicitando (cursos de perfeccionamiento, competencias técnicas y escolares).
- Sus conocimientos lingüísticos.
- Los jóvenes son en general flexibles y dóciles: hágale saber a su interlocutor que usted es una persona fácil de formar y dirigir.
- Su entusiasmo.
- Su juventud: dinamismo, capacidad para trabajar más horas, salud física.
- Su curiosidad.

- Sus ganas de demostrar lo que vale.
- Sus *hobbies* o aficiones.
- Las realizaciones escolares.

Nota: prepárese a responder preguntas sobre su personalidad: cualidades, defectos,... Puesto que su interlocutor no podrá interrogarle sobre sus competencias técnicas, se centrará en su carácter. Ver en las páginas siguientes: preguntas a formular en el transcurso de una entrevista para un primer empleo.

Concisión y precisión

Averigüe los elementos de la función y la empresa. Si está solicitando un puesto de asistente al jefe de producto de una empresa de cosméticos, infórmese sobre el mercado de los cosméticos, el tamaño de la empresa, los productos,...

Tipo de entrevista

La más común de las entrevistas para un primer empleo es la entrevista semidirigida: su interlocutor le pide que se presente (preséntese, presénteme su currículum, hábleme de usted,...) y le va haciendo preguntas.

En este caso no se trata de que repita al pie de la letra lo que pone en su currículum, sino de que presente aquellos elementos que se corresponden con las necesidades de su interlocutor. No hable de sus prácticas en Australia si está solicitando un puesto de comercial en Albacete.

Intente centrar la discusión en el puesto, su contenido y la empresa; de esta manera podrá saber rápidamente cuáles son los puntos sobre los que tiene que insistir.

Tome notas durante la entrevista: de esta manera valora a su interlocutor manteniendo al mismo tiempo un contacto visual con él.

La actitud a adoptar

Para un primer empleo: la humildad, la modestia deben ser sus prioridades. Si da la apariencia de un «sabelotodo», le descartarán rápidamente.
Destaque sus valores siempre con moderación. Para un puesto comercial
no dude de su capacidad: tener confianza en sí mismo no es perjudicial.

*Pregunte si puede visitar la fábrica o la empresa, así demostrará interés
al interlocutor.*

El salario

Normalmente en una primera entrevista le preguntarán: ¿qué salario le
gustaría tener?

Hay muchas respuestas posibles:

– «En general, los candidatos que poseen un título similar al mío y un
  nivel de experiencia como el mío tienen unos sueldos que oscilan
  entre X y Z pesetas (dé un margen de salario para poder negociar),
  ¿qué opina usted?»

– «El salario es ciertamente una cosa importante, pero para un primer
  empleo lo que más me motiva es el puesto y su evolución», o «todavía
  no tengo suficientes datos sobre estas dos cuestiones para responderle, ¿podría hablarme un poco más sobre mis responsabilidades
  futuras?»

– Puede también volver a la cuestión, «El salario depende de muchos
  factores, ¿podría decirme dónde se sitúa este puesto dentro de la
  escala salarial?» «¿Cuánto cree usted que podría ser mi salario?»

Los tests de selección

Las candidaturas de debutantes son en general muy numerosas y, para
seleccionar, los entrevistadores practican tests de personalidad, de inteligencia, grafológicos,...

Si está realmente interesado por la empresa, no tendrá más remedio que someterse a ellos.

Las cualidades que buscan en los debutantes

Dinamismo, adaptabilidad, sentido de la responsabilidad, sentido de la iniciativa, autonomía, capacidad de trabajo en equipo, sentido de la atención al cliente, actitud positiva, ambición. Todos los demás consejos prodigados en este libro son también útiles para un primer empleo.

12. Preguntas para un primer empleo

Las empresas consideran la contratación de jóvenes con potencial como una prioridad. Por tanto, cada vez son más exigentes en sus procesos de contratación de recién licenciados.

Este tipo de selección es ciertamente el más difícil. En este caso no pueden basarse en las experiencias del candidato para emitir un juicio.

Por eso su interlocutor va a centrarse en sus resultados escolares y universitarios, en su potencial, en su dinamismo y adaptabilidad, en su capacidad/voluntad para aprender e integrarse en un entorno totalmente nuevo.

Su objetivo durante esta entrevista es demostrar que posee todas las cualidades y competencias usuales de los recién licenciados, pero que destaca por algunos puntos diferentes: idiomas, viajes al extranjero, prácticas, cursillos, actividades extraprofesionales, etc.

– ¿Cómo consiguió las prácticas y trabajos de vacaciones que ha realizado?

Está claro que sus futuros empleadores prefieren contratar a aquéllos que ya han trabajado en una empresa aunque sea realizando trabajos temporales. En general estos candidatos están más organizados, son más maduros. Su interlocutor está buscando creatividad, ingeniosidad. Procure no contestar diciendo (aunque sea verdad): «He hecho todas las prácticas en la empresa de mi padre», «He encontrado un trabajo por medio de influencias».

— ¿Entre todos los trabajos que ha tenido, ¿cuál es el que menos le ha interesado?

Intente no insistir demasiado en el lado negativo de un puesto, esto devaluará su corta experiencia. Si insiste demasiado en lo aburrido y repetitivo, su interlocutor podrá descartar su candidatura. Puede responder diciendo: «Evidentemente todos los empleos tienen su lado positivo y su lado negativo. Sin embargo, en todos los empleos he aprendido algo interesante: trabajar en equipo, respetar la jerarquía,...»

— ¿Cuáles son sus planes para el futuro?

No conteste diciendo «Me gustaría llegar a ser directivo». La mayoría de los candidatos con los que yo me entrevisto me da esta respuesta: creen que así demuestran dinamismo y ambición.

Una respuesta posible: «Si estoy en frente de usted es porque me encanta su sector de actividad. Soy consciente de que todavía tengo mucho camino por recorrer para convertirme en un gran profesional. Dentro de 5 años espero ser un profesional competente, que haya hecho progresar su empresa y que haya triunfado gracias a progresar con ella. Pienso que llegado ese momento, tendré una visión más clara de los retos posibles».

— En el pasado hemos intentado contratar a gente de su universidad pero no ha funcionado bien. ¿En qué es usted diferente?

Ésta es una pregunta que realizan para desestabilizarle. Devuelva la pregunta: «¿Puedo preguntarle cuáles han sido los problemas con los que se ha encontrado?»

En cuanto haya conseguido suficiente información, podrá responder más adecuadamente.

– ¿Qué ha aprendido en la universidad, que pudiera serle útil para este puesto?

Si su interlocutor no le ha dado información, éste es el momento de preguntarle: «Antes de que yo hable, ¿podría decirme algo sobre el puesto?»

Si ya han hablado del puesto busque las competencias que estén directamente relacionadas con éste: trabajo en equipo, liderazgo, contabilidad, marketing,...

– ¿Le gustan las tareas rutinarias? ¿Le gustan los horarios regulares?

Ésta es una pregunta para hacerle caer en la trampa. Todos los entrevistadores saben que los debutantes son impacientes y no les gusta la rutina.

Responda que es consciente de que tendrá que realizar tareas rutinarias antes de que le empiecen a confiar tareas interesantes.

– ¿Podría darme un ejemplo en el que haya demostrado tener iniciativa?

Busque un ejemplo en su breve carrera o escolaridad donde haya mostrado anticipación o iniciativa. Si no encuentra ninguno, ¡cambie de orientación!

– ¿Acepta que le manden?

Si se altera en cuanto alguien le da instrucciones o cuando le critican, difícilmente durará mucho en una empresa. Actualmente, todas las compañías buscan individuos flexibles y adaptables. Insista sobre estas dos cualidades. Si no le son naturales, intente adquirirlas.

– ¿Ha tenido dificultades para entenderse con otras personas?

Ésta es una cuestión dura. Responda: «No» (nada más; espere la siguiente pregunta)

– En su opinión, ¿cuál es el objetivo de una empresa?

Ésta es una pregunta general, no haga una larga disertación. Su interlocutor quiere ver cuál es su visión de la empresa y del funcionamiento de los negocios.

– ¿Qué sabe de nuestra empresa?

El esfuerzo de investigación que haya realizado le ayudará a responder esta pregunta.

5

La conclusión
de la entrevista, oferta
y negociación del salario

La conclusión de la entrevista

La entrevista finaliza, su interlocutor le indica que ya han terminado. Es el momento de mostrarle que ha captado perfectamente los términos y requisitos del empleo propuesto. Un resumen en dos o tres frases de lo que se ha dicho le permitirá demostrarlo. Como último consejo y fundamental, reafirme su interés por el puesto de trabajo.

Qué se puede decir

«Si he entendido bien, sería el jefe de producto sobre la marca X que se tiene que relanzar (publicidad nueva, nuevo envase,...). Tendré también la responsabilidad de poner en el mercado un nuevo producto. Esta perspectiva me estimula particularmente, ya que creo tener las competencias necesarias para hacerlo exitosamente». Es el momento de preguntar a su interlocutor qué piensa de su candidatura. Si éste acepta responderle, sabrá si ha transmitido correctamente su mensaje y conocerá los puntos fuertes y las debilidades que el interlocutor ha podido ver en usted. Formule la cuestión de forma que pueda evaluar su candidatura teniendo en cuenta el puesto a cubrir.

Si su veredicto se basa sólo en los hechos concretos (su experiencia de marketing es corta, su alemán rudimentario,...) el que le juzga no necesitará justificar su opinión. No se rebele abiertamente, intente replicar sin brusquedad: «Para completar su información, me gustaría a este respecto que me precisara los siguientes puntos».

Si se centra en un rasgo de su personalidad (le encuentra poco dinámico o inepto), tenga por seguro que nunca se lo dirá abiertamente; es demasiado educado o demasiado blando.

Si le han descubierto alguna laguna, no dude en proseguir la conversación diciendo por ejemplo: «Por lo que veo el puesto requiere un poco más de experiencia de la que yo tengo. De todas formas, creo que seré capaz de realizar las funciones. ¿Qué cree usted?»

También podría decir, «Hay algo más que pudiera añadir a fin de ayudarle a tomar una decisión en mi favor?»

Haga precisar el desarrollo del proceso de selección: ¿quién me llamará y cuándo?

Y no dude en tomar la iniciativa proponiendo hacerlo usted mismo. De esta manera, dominará la situación.

- «¿Cuándo cree que terminará su primera selección?»
- «¿En dos semanas?»
- «Probablemente le será difícil contactar conmigo, así que ya le llamaré de aquí a dos semanas».

Hasta que no haya dejado la sala de la entrevista, ésta no habrá terminado.

Una vez haya dejado la sala, olvídese de decir «Por cierto, he olvidado decirle que...». Ya es tarde.

Dé las gracias a su entrevistador por haberle recibido y haberle dedicado una parte de su tiempo y sonría hasta el final. Su mirada siempre tiene que ser franca y directa.

No olvide saludar a las recepcionistas. A veces, los directivos les piden su opinión sobre los candidatos.

Recuerde

Después de la entrevista, mande una carta a su interlocutor confirmando su interés por el puesto y agradeciéndole el tiempo que le ha dedicado:

- Esto reforzará su imagen de profesional.
- Así se distinguirá de los demás candidatos.
- Esto le permitirá reiterar sus puntos fuertes.
- Así confirmará su interés por el puesto de trabajo.

Ejemplo de carta

Señor...

Con relación a nuestra reciente entrevista referente al puesto de...

Me gustaría agradecerle la información que me ha dado.

Por otra parte, desearía confirmarle los siguientes puntos:

- Estoy agradablemente impresionado por su empresa y por el grado del puesto que ofrece, llevaré adelante gustosamente nuestras entrevistas.
- Creo poder aportar... (ajústese al máximo a las necesidades de su interlocutor) a este puesto.

Tal y como hemos convenido, volveré a telefonearle el..., con el fin de considerar la posibilidad de un nuevo encuentro.

Sin otro particular, le saludo atentamente,

JAIME SANTOS

La oferta

Usted ya ha pasado todos los obstáculos de la selección. Al final de la segunda entrevista, el entrevistador le indica que el salario será de entre 6/7 millones de pesetas y que la decisión se tomará en los próximos días.

Dos días más tarde, recibe una llamada telefónica informándole de que ha sido contratado con un salario inicial de 6,25 millones de pesetas; ¿podría empezar dentro de quince días?

Evidentemente, usted está contento. El salario no está exactamente a la altura de sus expectativas pero acepta la oferta y acude al trabajo al cabo de quince días.

Aceptar enseguida una oferta no es precisamente el mejor método.

Tenga en cuenta que en este momento su poder de negociación está en el punto más alto: usted ha convencido a su interlocutor de que es la persona ideal para resolver sus problemas y para aportar la contribución más significativa a su empresa.

Además, el empresario ha dedicado tiempo a seleccionarle. Por todas estas razones, está más que nunca, abierto a la negociación.

Usted dispone de tres soluciones para responder a esta oferta verbal:

- La oferta le conviene: dé las gracias, acéptela instantáneamente y espere el contrato.

- La oferta sólo le conviene en parte: tiene en mente otros objetivos y está preparado para negociar por teléfono (proponga un último encuentro si cree que la negociación se prolongará demasiado): «Agradezco mucho su oferta, es muy interesante, de todas formas hay dos puntos que no corresponden con...»

- No se siente capaz de negociar por teléfono ya que no ha trabajado suficientemente sus objetivos: «agradezco enormemente su oferta. Es muy interesante, pero me gustaría reflexionar un poco. ¿Podría telefonearle mañana por la mañana para hablar...?»

En este momento tendrá que concentrarse en sus ambiciones. No sólo cuenta el salario, también hay otros aspectos igual o más importantes que pueden ser negociados (ver lista siguiente). Además, al fijar sus objetivos, probablemente se dé cuenta de que un trabajo autónomo y desafiante tiene más ventajas que un salario importante. Es importante por tanto que defina bien sus puntos límite de la negociación.

> *Quedarse indiferente es estar abatido.*
>
> CHARLES DE GAULLE

Qué preguntarse para fijar sus objetivos

– ¿Qué me atrae de este trabajo?

Si lleva en el paro más de dos años, a lo único que aspira es a tener un trabajo y un sueldo. En este caso, no negocie.

A lo mejor lo que le importa no es el sueldo sino encontrar un trabajo que le permita viajar al extranjero.

– ¿Cuáles son mis necesidades y motivaciones, tanto en el terreno material como en el psicológico?

Lo que usted desearía es estar más tiempo con su familia, tener un coche más bonito, tener poder o ejercer una actividad creativa. Al clarificar sus expectativas, sabrá qué es lo que prima en la negociación.

– ¿Cuál es mi máximo objetivo?

Aprenda las normas de la profesión (salario, ventajas,...). Si no es difícil conseguir un coche de la empresa, solicítelo. Haga también una lista de los privilegios que está dispuesto a abandonar por parecerle poco realistas para la función y las normas del sector.

– ¿Cómo encaja este trabajo en una perspectiva de carrera a más largo plazo?

Desconfíe de los trabajos demasiado bien pagados que al final no son más que trampas. Nunca pierda de vista su plan de carrera.

– ¿Cuál es su objetivo mínimo?

Este dato le concierne a usted y a nadie más que a usted. En ningún caso debería ser comunicado al posible empresario, ya que éste se fijará siempre en su escalón más bajo a la hora de hacerle una oferta.

– ¿Sobre qué puntos transigiría?

Decida qué objetivos de su lista son inalterables.

En todos los casos, durante la negociación, asegúrese de que está hablando el mismo idioma que los responsables de la empresa: «Si he entendido bien, no tendré coche de la empresa pero a cambio me reembolsarán los kilómetros que haga a... ptas./Km.

En resumen, prepare los argumentos concretos, sea flexible y claro, y haga que le precisen todos los puntos que hayan quedado dudosos. Haga concesiones en aquello que no sea tan importante con el fin de obtener ventajas mejores.

Recuerde

Los puntos sobre los cuales puede negociar:

- el salario,
- las primas, los bonos, las comisiones,...
- las *stock-options*,
- las aportaciones a un plan de jubilación,
- el aumento de sueldo contractual (6 meses, un año,...),
- la indemnización en caso de despido,
- el cargo,
- la responsabilidad,
- el seguro de vida,
- el seguro médico,
- el personal auxiliar (secretaria,...),
- las vacaciones,
- la formación,
- el coche de la empresa, club deportivo,...
- notas de gastos,...
- los términos de una cláusula eventual de no-competencia.

La negociación del salario

La cuestión del salario no debe ser abordada hasta el final de la entrevista o en el transcurso de un segundo encuentro. En efecto, cuanto más conozca el puesto a cubrir, más podrá evaluar con precisión el salario. De todas formas, tenga en cuenta que si con posterioridad le confían más responsabilidades, podrá justificar fácilmente un aumento de sueldo.

Puede darse el caso de que le pregunten al principio de la entrevista su salario actual. Si bien es cierto que es difícil eludir esta cuestión, puede contestar en términos de paquete o de compensación. Por ejemplo: «Recibo una compensación anual de 6 millones de pesetas». La respuesta seguirá siendo un tanto vaga. También podría responder diciendo que «está considerando aceptar un puesto de trabajo, no sólo porque esté bien remunerado, sino también porque responda a sus aptitudes y motivaciones».

Es conveniente por tanto conocer a fondo este tema antes de empezar a tratarlo. Si a pesar de todo le preguntan cuánto desearía ganar, responda de la siguiente manera: «Comparando su oferta con otra que me ofrece X pesetas, veo que las responsabilidades que usted me confía son más importantes. Un salario un 10% superior a éste que me han ofrecido me parecería razonable».

Si su interlocutor no quiere negociar el salario que le ha propuesto, intente negociar otras ventajas. Esto no quiere decir que su interlocutor quiera oponerse sino que está obligado a respetar una estructura de salario inherente a su empresa. Usted podría también proponerle un aumento al final del periodo de prueba, haciéndole ver así que es usted quien asume el riesgo.

El salario que le proponen es inferior al que tenía anteriormente

- Si está en el paro: no diga a su interlocutor que el salario es inferior porque se arriesga a perder el puesto. El entrevistador creerá que acepta el empleo únicamente para poder comer y que lo dejará cuando encuentre otro mejor.

- Si está trabajando: no acepte una disminución del salario a no ser que la empresa y el puesto sean excepcionales y constituyan un verdadero trampolín para la trayectoria de su carrera o, en el caso de que cambie radicalmente de función.

Cuestiones típicas sobre las negociaciones del salario

– ¿Qué salario mínimo aceptaría para este puesto?

Si el puesto le interesa de verdad, estará siempre tentado a responder a esta cuestión dando la cifra más baja.

¡Desconfíe! Una vez haya dado la cifra, será casi imposible hacer marcha atrás y, en el 90% de los casos, ésta será la que figure en la oferta. Responda desde un principio a esta cuestión dando la cantidad máxima que le gustaría obtener y devuelva la cuestión preguntando: «¿Cuánto pagaría usted por este puesto?, ¿cuánto pagaría por mi experiencia?»

– ¿Cuánto le gustaría ganar dentro de cinco años?

¡Otra cuestión trampa! Responda simplemente: «Desearía una progresión mínima de mi poder adquisitivo de un 10% anual».

Atención

- Precise siempre a su interlocutor si está hablando en términos de salario neto o bruto y haga también que él precise sus términos. (Puede haber entre un 15 y un 20% de diferencia entre uno y otro).

- Antes de empezar a negociar investigue cuál suele ser el salario para su función y en su sector (fuentes: estudio de salarios en la prensa, ofertas de empleo similares, contacto con las cámaras de comercio, relaciones personales).

No acepte (casi) nunca la derrota

A lo mejor ha sido víctima de un mal proceso de selección. Injustamente, no le han elegido.

Debería estar preparado para estos casos e intentar luchar por rectificar la elección de su interlocutor. ¡No está todo perdido!

– Se toma una decisión: usted no ha sido seleccionado.

– Dé las gracias a su interlocutor por su tiempo y consideración.

– «Con el fin de ayudarme en mi búsqueda, ¿sería tan amable de decirme por qué no he sido elegido?» Dígale que agradecería una respuesta sincera. Escuche lo que le dice, déjele hablar y tome notas.

– Demuéstrele que ha entendido lo que le ha dicho. «Gracias por sus comentarios, ahora comprendo perfectamente lo que ha podido pasar. Como no soy un profesional de las entrevistas, mi nerviosismo me ha jugado una mala pasada. Realmente me encantaría trabajar para su empresa. Deje que le demuestre que tengo verdaderamente las competencias requeridas. Dígame el día y la hora y ahí estaré. ¿Qué día es más conveniente?»

Por supuesto, esta reacción no es infalible. Habrá quien no quiera volver a recibirle ya que realmente usted no está capacitado para el puesto, pero no arriesga nada quemando este último cartucho.

Nota: mantenga el contacto con su interlocutor. Cuando vea un artículo de prensa que pueda interesarle, no dude en enviárselo con una breve nota: «Sigo estando interesado por su empresa. Siempre he querido ser un comercial de ésta. Volveré a llamarle más adelante para ver si necesita a alguien en esta área».

> *La felicidad es tener por oficio su pasión.*
>
> HONORÉ DE BALZAC

Estudio de casos

Ana: la recién licenciada

Ana ha optado finalmente por un empleo de adjunta al jefe de producto en el departamento de marketing de una empresa de gran consumo.

Lógicamente no ha negociado su salario, ya que va a ser formada y a aprender su oficio. Va a tener que relacionarse con diferentes departamentos (comercial, producción, jurídico...) y por tanto su carrera está «avanzando».

Juan: el joven abogado

Juan se ha dado cuenta de que, ya que su principal objetivo en la vida es tener una vida equilibrada, difícilmente le podrán ofrecer un puesto de socio. Deberá por tanto replantearse su objetivo a largo plazo y prepararse a cambiar su situación en los próximos dos/tres años.

Pablo: el director general

Pablo podría caer en la crisis de los cuarenta. Tendrá que fijarse nuevos objetivos personales y profesionales, formarse en las nuevas técnicas y plantearse seriamente un nuevo reto en una nueva empresa.

Sofía: el ama de casa

Después de muchos rechazos, Sofía por fin ha encontrado un empresario que reconoce su madurez de espíritu y valora su rapidez para asimilar las nuevas técnicas. Ella está bien decidida a aportar un verdadero valor añadido a su nuevo empleador, recompensándole así la confianza que ha depositado en ella, sin perder nunca de vista su objetivo final: llegar a ser una consultora independiente.

Pablo: el director financiero

Una vez superada la amargura y realizado su balance, Pablo se ha dado cuenta de que lo que le gusta son las finanzas, la contabilidad, y que está satisfecho en un entorno técnico. De hecho, ha sido el estrés ocasionado por la situación precaria de su empresa el que le ha llevado a dudar de su trabajo.

Actualmente está utilizando sus competencias técnicas en el seno de una PYME; aunque su salario es menor, su estrés también lo es.

Usted me dirá, sólo hay «finales felices» en estos casos concretos. Y yo me atrevo a decir que ninguna situación está totalmente bloqueada. Siempre hay algún trabajo del cual nos conviene algo. Lo importante es que una vez lo haya identificado, no fracase en su entrevista... llevando calcetines blancos por ejemplo.

En conclusión, ¡siga los consejos de este libro!

6
150 preguntas, sus explicaciones y consejos para responderlas

No sólo cuenta lo que usted conteste a las preguntas, sino el modo en que lo haga. El entrevistador va a estar atento a su manera de reaccionar ante estas cuestiones y a su forma de responderlas.

En general, en el transcurso de una entrevista dará más información de la que va a recibir. Ni este libro ni nadie puede decirle qué responder exactamente a una u otra pregunta, la respuesta depende de usted, de su experiencia, de su personalidad... Es usted quien tiene que adaptar sus respuestas a partir de los siguientes ejemplos. Sin embargo, hay ciertos principios que le permitirán responder a su interlocutor, creando una impresión favorable.

Lo esencial en el transcurso de una entrevista es establecer una buena relación con su interlocutor. Para conseguir esta buena relación, lo primero que tendrá que hacer es escucharle atentamente. Intente comprender para ser bien comprendido.

Haga saber a su interlocutor que le está escuchando y comprendiendo. Para ello, mantenga el contacto visual y refuércelo con algunas aprobaciones verbales o gestuales (moviendo la cabeza). De esta manera, entenderá (o mejor debería decir comprenderá) la cuestión que le está planteando su interlocutor y responderá clara y concisamente (cosa que no hace la mayoría de los candidatos):

Un ejemplo: la pregunta «¿Hábleme de su último empleo?» es muy diferente a la pregunta «¿Cuáles eran sus principales responsabilidades en su último empleo?». La primera pregunta le permite anteponer aquellos aspectos de su trabajo que le parecían importantes y relacionarlos con los del puesto que está solicitando. La segunda necesita una respuesta más precisa.

Prepárese para responder todo tipo de cuestiones

Según sea el entrevistador, su experiencia, su grado dentro de la jerarquía, el empleo de su tiempo... podrá encontrarse con todo tipo de cuestiones. Algunos entrevistadores pueden hacer preguntas sorprendentes para entrar en juego, por ejemplo: «¿qué idea tiene de la felicidad?», «¿Qué altura hay entre el Puente de Alcántara y el río Tajo?»

La idea principal que debe tener en cuenta cuando responda a una pregunta es saber cómo adaptarla a las necesidades del interlocutor y a las características del puesto a cubrir.

Ejemplo: ¿Cuál es su idea de la felicidad? «Puedo responderle precisando mi idea de felicidad profesional: me gustaría tener un empleo (criterio que ha de corresponder al puesto a cubrir) en una empresa (criterio que ha de corresponder a la empresa que recluta...).»

¿Qué altura tiene el Tajo bajo el Puente de Alcántara? Olvídese de las respuestas de tipo «¿Bajo qué pilar?», «¿Antes o después de la lluvia?». Opte mejor por una respuesta clásica, «No lo sé, pero sí que puedo hablarle de mi último lanzamiento de un producto que fue todo un éxito».

Por último, si le preguntan:

«¿Cuál ha sido la asignatura más importante para usted en la universidad?» No responda la educación física, adáptese a las necesidades de su interlocutor...

En efecto, cuanto más vagas o generales sean las preguntas, más difícil será responder. Elija rápidamente si tiene que responder o si tiene que pedir que precisen más la pregunta. Ejemplo: «Hábleme de su pasado». Responda: «¿Le gustaría que empezara por mi formación académica o que le hablara de mi experiencia profesional?»

Preguntas que le harán sobre una situación determinada

A lo mejor su interlocutor evocará una situación profesional y le preguntará cómo reaccionaría ante esa situación.

Reflexione y si no ha captado bien la cuestión, pídale que se la precise.

Al responder a este tipo de cuestiones, no olvide que forma parte de un equipo, de una empresa, ya que el objetivo es demostrar que tiene ideas, que sabe tomar decisiones e iniciativas, pero también que sabe trabajar en equipo.

Si su interlocutor no está de acuerdo con su manera de resolver el problema, mantenga su postura argumentándola mejor. Pero si se da cuenta de que ha respondido mal, modifíquela, ¡no querrá dar una imagen de persona inflexible!

Las cuestiones más estresantes

Personalmente, muy pocas veces empleo la entrevista estresante; creo que uno puede obtener mucha más información de un candidato relajado y confiado que de un candidato estresado y a la defensiva. De todas formas, a algunos seleccionadores psicópatas o inexpertos les encanta «torturar» al candidato y hacerle una serie de preguntas estresantes.

- El entrevistador hace preguntas sin parar y muy rápidamente: no se deje impresionar, reflexione la pregunta y, si no la entiende, pídale que la precise más. No pierda su sangre fría, continúe mirando a su interlocutor a los ojos sin gestos ni nerviosismo...

- El entrevistador emplea el silencio para desestabilizarle (ver la entrevista silenciosa).

- Las cuestiones estresantes (ver más adelante ejemplos de estas cuestiones y sus respuestas).

Cuestiones sobre su infancia, escolaridad y formación

– ¿Diría que su infancia ha sido más bien feliz o desgraciada?

Diga siempre que ha tenido una infancia feliz, aunque no sea el caso: a los que seleccionan no les suelen gustar los problemas.

Además, si al que le está entrevistando le gusta la psicología, puede llegar a malinterpretar su respuesta. Extraerá conclusiones nefastas sobre su personalidad. Además, los minutos que usted dedique a explicar su infancia son tiempo robado a su misión de vender sus competencias técnicas, su personalidad, su experiencia.

– ¿Qué personas de su familia han tenido más influencia en usted? ¿Por qué?

Puede responder:

«Todas me han aportado algo. Me entiendo muy bien con ellas. Por ejemplo, mi abuelo me ha enseñado a nadar y a esquiar...»

Desconfíe aquí también del entrevistador psicólogo que tratará de descubrir una influencia demasiado importante de su madre o algún otro síndrome para eliminarle del proceso de selección.

– ¿Cómo eligió sus estudios? ¿Por qué?

Hay tantas respuestas a esta cuestión como estudios. Demuestre siempre una coherencia en la exposición que elija.

– ¿Se arrepiente de su elección?

Una sola respuesta: «No». En efecto, los reclutadores desconfían de la gente que ha tomado una dirección equivocada.

Destaque siempre que sus estudios le han aportado mucho y anticípese a la pregunta «¿Por qué?». Enumere los tres o cuatro puntos fuertes de su formación.

– *¿Ha realizado actividades extraescolares? ¿Cuáles?*

Esta cuestión es mucho menos inofensiva de lo que parece.

Muchos entrevistadores creen que pueden juzgar el potencial de un individuo observando cómo, en su juventud, se desmarcó de los demás (de manera positiva, por supuesto), y si ha ejercido cuando era joven alguna responsabilidad. Puede que usted nunca haya realizado ninguna actividad extraescolar. Rastree en su memoria ya que es esencial responder afirmativamente a esta cuestión, aunque simplemente sea diciendo que fue el capitán del equipo de balonmano.

– *¿Ha tenido durante sus estudios algún trabajo remunerado?*

Los mismos consejos que para la pregunta anterior.

– *¿Qué periódicos lee?, ¿Cuál ha sido el último libro que ha leído?*

Responda sinceramente y argumentando su respuesta. No aparente que lee regularmente la prensa si no ha abierto el ABC, La Vanguardia o El País más de dos veces en seis meses. Si no lee, busque otra pasión que tenga para no pasar por una persona vacía, inculta y sin aficiones.

– *¿Qué ha sido lo más importante que ha aprendido en la universidad?*

Adapte su respuesta a las necesidades de su interlocutor y a las características del puesto a cubrir.

– *¿Cómo ha financiado sus estudios?*

Esta cuestión tiene por objetivo evaluar su capacidad de autonomía y su madurez. Aunque sus padres sean ricos y le hayan financiado sus estudios, intente demostrar que ha realizado prácticas para pagárselos usted. Si usted es un auténtico «niño de papá» y sus padres se lo han pagado todo, ¡rece por que no le hagan una pregunta de este tipo...!

Preguntas para comprobar el conocimiento que tiene de la empresa para la que se presenta

– ¿Por qué razón(es) ha enviado su solicitud a nuestra empresa?

Las investigaciones que haya realizado sobre la empresa le servirán para responder a esta pregunta. Al responder detalladamente se desmarcará de aquellos candidatos que hayan escrito a la empresa sin saber bien por qué lo hacían o simplemente porque ésta figuraba en un listado. Su interlocutor tiene que tener delante a alguien que conozca la empresa y que no haya escrito al azar.

Lo que puede decir:

«Les he escrito porque tengo la sensación de que realmente puedo aportar algo a su empresa (y esto me sucede con todas). En primer lugar, tengo entendido que su empresa es internacional. Yo hablo perfectamente inglés y alemán. He vivido dos años en Alemania y seis meses en Estados Unidos, y me adapto rápidamente a otras culturas. Por último, su empresa tiene fama de ser una de las más innovadoras en el terreno del marketing; éste es el terreno en el que siempre he destacado en mis estudios y en mi primera experiencia».

– ¿Qué es lo que le ha llamado la atención del anuncio al que ha respondido?

Sea preciso en su respuesta.

No diga:

«No me acuerdo muy bien del texto del anuncio», o «No estoy seguro porque el anuncio no estaba demasiado claro...». No olvide que su interlocutor es quien ha dirigido el anuncio.

Lo importante no es salir de la mejor universidad, sino salir de lo corriente.

CHARLES DE GAULLE

Si ha seguido los consejos del Capítulo 1, habrá preparado algunas posibles respuestas (tres o cuatro) a esta pregunta.

Aproveche esta pregunta para abordar tres o cuatro puntos claves del anuncio. Demuestre que encaja bien con el perfil solicitado.

Ejemplo: la persona solicitada debe hablar perfectamente inglés

Lo que puede decir:

«Por haber vivido dos años en Estados Unidos conozco perfectamente este idioma. Pero, ¿puedo preguntarle por qué el inglés es importante para este puesto de trabajo?»

− *¿Qué sabe de nuestra empresa?*

No se lance a hacer un discurso largo y aburrido sobre la empresa, el interlocutor ya la conoce.

Demuéstrele que ha investigado sobre ella. Diga: «He conseguido su informe anual (si existe), pedí que me enviaran su folleto comercial y para conocer sus balances he buscado en Internet».

No profundice demasiado en sus afirmaciones, ya que éstas provocarán otras preguntas más puntuales: «¿Qué piensa usted?», ¿qué piensa de nuestra situación de tesorería?, ¿qué piensa de nuestros productos?» ¡Ha entrado en un terreno peligroso! Esquive estas cuestiones diciendo que no dispone de suficiente documentación para hacerse una idea precisa y recuerde que está en la entrevista para informarse mejor acerca de la empresa.

− *¿Qué expectativas tiene en relación a su próximo puesto de trabajo?*

Reafirme sus competencias técnicas, sus cualidades, sus motivaciones, haciéndolas concordar evidentemente con el empleo propuesto.

− *¿Por qué motivos le gustaría trabajar en nuestra empresa?*

No diga:

«Porque su empresa es la número uno, porque tiene una buena reputación, o porque sus instalaciones son muy agradables».

Intente, ante todo, articular su respuesta alrededor de las motivaciones sanas y claras: la naturaleza del puesto, los miembros de la empresa que conozca, las perspectivas de la empresa, la calidad de los productos, la dirección...

– ¿Cuánto tiempo piensa quedarse en nuestra empresa?

Al formularle esta cuestión, su interlocutor está intentando averiguar sus proyectos secretos: ¿considera el puesto como una experiencia a corto plazo?, ¿pretende aprovecharse de la reputación de la empresa y dejarla al poco tiempo?

Responda sin precisar la duración: ante todo hágale saber que lo que más valora es el cambio de empleo y que lo que más le gustaría es explotarlo al máximo.

No diga:

«Tres años y me voy...» o, «Espero pasar diez años en su empresa...»

– Para usted que ha trabajado en una gran empresa, ¿qué atractivos encuentra en una PYME?

Su trabajo y la empresa para la cual usted trabaja le aportan mucho. No obstante, la lentitud a la hora de tomar decisiones que caracteriza a las grandes empresas le incomoda. Ésta es una frustración que cree poder evitar integrándose en una PYME. Otro argumento: es más difícil evolucionar rápidamente en una multinacional que en el seno de una PYME, en donde, en vista de su experiencia, no dudarán en confiarle más responsabilidades.

– Para usted que ha trabajado en una PYME,
¿qué atractivos encuentra en una multinacional?

Trabajar en una PYME presenta numerosas ventajas: fuerte autonomía, alto grado de responsabilidad, toma de decisiones rápida... Sin embargo, en este punto de su carrera, usted aspira a dirigir equipos más numerosos, o a dirigir un centro de beneficios más importante, dos prerrogativas que no le ofrecen las PYMEs.

– ¿Aprecia las ventajas sociales de las que se benefician nuestros asalariados?

«No las conozco, pero sin duda, usted puede aclararme este punto.»

La persona que está entrevistándole intentará ponerle al día de aquello que pudiera incitarle a entrar en su empresa. En el caso de que sea la calidad de la comida en la cantina de la empresa, ¡olvídese!

– ¿Qué piensa que puede aportar a nuestra empresa?

Si esta pregunta se la formulan al principio de la entrevista, remarque que le es difícil responder porque todavía no conoce del todo el puesto de trabajo.

Si se la hacen cuando ya sabe más acerca del puesto, haga hincapié en sus capacidades de adaptación y proponga una estrategia concreta: «Empezaré por observar y escuchar, después, de acuerdo con mi posición, decidiré las acciones que debo emprender».

Otra opción: elija dos o tres acciones que haya realizado anteriormente y transpórtelas al contexto de la empresa.

Preguntas que debería formular sobre el puesto

– ¿Cuáles son las responsabilidades inherentes al puesto?

Esta es su ocasión para saber qué requiere exactamente el puesto solicitado y para determinar, con conocimiento de causa, si posee las aptitudes requeridas. Así podrá decidir si la nueva función a la que aspira le atrae verdaderamente. Al mismo tiempo, las respuestas que le den, le permitirán adaptar más o menos su exposición a la situación.

– ¿Qué cambios y/o mejoras le gustaría que yo aportara a este puesto?

Al abordar esta cuestión, los entrevistadores generalmente le expondrán qué hacía su predecesor. Usted será el que tendrá que utilizar de la mejor manera posible esta información.

– ¿Cuáles son las dificultades del puesto?

Esta cuestión es otra oportunidad para obtener más información acerca de la empresa y del entorno del puesto.

– ¿Qué ha pasado con la persona que ocupaba el cargo anteriormente?

Dimisión, despido o promoción. El último caso generalmente es una señal de buenas perspectivas de evolución. Los otros dos necesitan quizás más explicaciones para evitar cometer un error.

– ¿Cuáles son las cualidades necesarias para triunfar en este puesto?

Esta cuestión le permitirá una vez más comprender mejor las expectativas de su interlocutor y por tanto, vender mejor los atributos que tenga similares a los del candidato modelo.

– ¿Podría mostrarme cuál es la posición del puesto en el organigrama? En caso de que me contrate, ¿qué espera de mí?

Algunos empleadores no tienen una idea precisa de qué es lo que esperan de las personas que seleccionan. Esta pregunta les ayudará a clarificar su pensamiento y cualquier ambigüedad sobre las características del puesto. Estos aprendizajes sin duda le darán ventaja sobre los otros candidatos.

– ¿Qué «plus» espera que aporte el candidato elegido para este puesto?

Distinga entre un jefe que responde «Quiero a alguien que consiga aumentar las ventas en un 20%» y otro que dice «Espero que aporte energía y entusiasmo». Las dos respuestas le aclararán la personalidad y el estilo del líder.

– ¿Por qué está vacante el puesto?

Siempre es instructivo conocer las razones por las cuales el puesto está vacante, sobre todo para comprender los mecanismos internos de la empresa. Si ha habido conflictos de personalidad, podrá deducir que la directiva es difícil o ¡que el jefe tiene mucho carácter!

– ¿Cuánto tiempo hace que está vacante el puesto? ¿Por qué?

Esta cuestión tiene consecuencias. Desconfíe de aquellos puestos que llevan mucho tiempo vacantes, ya que si este es el caso, su interlocutor probablemente está presionado por encontrar a alguien. Aproveche para venderse si no tiene ningún otro empleo.

– ¿Con qué personas voy a trabajar? ¿Podría conocerlas?

No acepte nunca un empleo por la buena impresión que le haya podido causar la persona que le ha entrevistado. Pida también conocer al equipo con el que va a trabajar. Este paso, permitirá a su futuro jefe imaginarle en el interior de la empresa.

– ¿Cómo evalúan el rendimiento y a qué ritmo? ¿Cómo recompensan el rendimiento? ¿Han despedido a alguien recientemente? En caso afirmativo, ¿de qué departamentos? ¿Cuáles son los planes de expansión de su empresa? ¿Qué tipo de formación dan a este puesto?

La mayoría de los directivos le dejarán elegir entre una formación técnica y una formación práctica. La reacción de su futuro empleador a esta cuestión le dará una idea de su grado de accesibilidad: ¿practica la política de la puerta abierta, o por el contrario tendrá que dirigirse a otro cuando tenga un problema porque la puerta estará cerrada?

– ¿Cuál es la cultura de la empresa?

De nuevo, esta cuestión le dará información particularmente útil sobre la empresa y aquéllos con los que va a trabajar.

– ¿Cuánto tiempo hace que está usted en la empresa?

Se interesa por su interlocutor y él lo notará. Además, ¡le hace hablar!

– ¿Qué es lo que aprecia especialmente de esta empresa?

El mismo comentario que en la respuesta anterior.

Estas cuestiones tienen el propósito de hacerle comprender mejor las necesidades de su interlocutor y son, por tanto, cartas útiles para adaptar mejor sus respuestas.

Preguntas que demuestran su experiencia profesional

– ¿Cuál es su estilo de dirección?

Si está solicitando un puesto de directivo, seguramente le harán esta pregunta. Explique que está dotado de una gran capacidad para adaptarse y aclimatarse a todo tipo de situaciones y personas. Indique también que es consciente de que mientras que algunos colaboradores tienen que ser controlados estrictamente, otros pueden ser más autónomos y otros necesitan que se les estimule.

— *¿Hay movimiento de personal en su departamento?*

Esta pregunta suele anunciar una serie de cuestiones sobre este tema. Puesto que el movimiento de personal es considerado como una de las úlceras actuales de la gestión, será interrogado una y otra vez sobre su capacidad para gestionarlo.

— *¿Cuáles han sido los movimientos más frecuentes: los despidos o las dimisiones?*

Si el movimiento de personal dentro de su equipo ha sido frecuente: esté preparado para explicarlo. ¿Es porque no realizó eficazmente la selección de candidatos? ¿Por una mala gestión? ¿Por culpa de las condiciones de trabajo? Intente buscar las explicaciones que no le pongan demasiado en evidencia.

— *¿Cuál ha sido el motivo más frecuente de despido?*

Atención, esta es una cuestión muy delicada: si responde por ejemplo que es muy difícil encontrar personas competentes y que ésta ha sido una de las razones más común del movimiento de personal, su interlocutor va a deducir que no sabe reclutar a sus equipos y por tanto que va a tener problemas para desarrollar el centro de beneficios que quería confiarle.

— *¿A cuántas personas ha dirigido? ¿Qué calificaciones tenían?*

Su interlocutor le está pidiendo hechos, responda concretamente.

— *¿Con qué clase de personas le gusta trabajar?*

Partiendo de la base de que a todos nos gusta trabajar con gente con la que compartimos lo mismos valores e ideas, intente responder ateniéndose a lo que esperan de usted, evocando sobre todo los factores positivos como la honestidad, la rigurosidad, el compromiso y la motivación.

– ¿Con qué tipo de personas le ha sido difícil trabajar?

Esta es otra cuestión «trampa» ya que el entrevistador seguramente tiene en mente a una o dos personas de la empresa con las cuales va a trabajar. No se arriesgue y responda que no aprecia a aquéllos que no comparten su entusiasmo por el trabajo bien hecho.

– ¿Qué piensa de su jefe actual?

Con esta pregunta está intentando evaluar su relación con las personas que integran el nivel jerárquico superior y con la autoridad. No meta la pata ¡está en terreno peligroso!

Sea claro y conciso: «Respeto mucho a mi jefe, me ha enseñado mucho» (describa algunos hechos concretos). Si alguna vez se ha opuesto a él, explique serenamente en qué circunstancias ocurrió, sin juzgarle ni haciendo comentarios personales. Sobre todo, no le acuse de incompetente.

– ¿Le gustaría asumir el puesto de su jefe? ¿Es usted ambicioso,
leal y alguien en quien se puede confiar?

Esta cuestión comporta un riesgo. Si contesta que no, le tacharán de poco ambicioso y si responde afirmativamente, será considerado un «matón».

Lo que puede responder:

«Soy un tanto ambicioso y me gusta asumir responsabilidades nuevas, también me gusta ir por delante. De todas formas, nunca me he obsesionado por este tema».

– ¿Qué le parece difícil en su empleo actual?

¡Cuestión delicada! Diga que no encuentra dificultades particulares, pero dé ejemplos de dificultades que estén fuera de su control y de las cuales no sea el causante: «El mercado del automóvil, actualmente en descenso, hace que nuestra gestión de marketing sea a la vez más estratégica y difícil». Sepa utilizar esta oportunidad para demostrar que sabe tomar iniciativas.

– ¿Por qué quiere dejar su puesto actual?

Se trata de conocer si es usted quien desea abandonar la empresa o si la empresa ha decidido deshacerse de usted.

Su respuesta debe ser corta y precisa: desearía evolucionar para asumir responsabilidades adicionales, cosa que desgraciadamente no puedo hacer en mi puesto actual.

– ¿Qué es lo que le disgusta de su empresa actual?

Dos reglas: no critique nunca a su director y no dé la imagen de víctima. Tampoco presente una imagen idílica de su situación si está diciendo que quiere dejar la empresa.

– ¿Qué ha aprendido en AB&CO?

Esta cuestión le permitirá ajustarse al máximo a las expectativas de su interlocutor. Evoque aquellas competencias y experiencias que él podrá utilizar directamente.

– ¿Qué ha aportado usted a AB&CO?

La misma respuesta que antes. No exagere atribuyéndose todo el mérito del éxito; hable del éxito de equipo.

– ¿Cuál es la situación más difícil a la que ha tenido que enfrentarse?

Aquí se trata de juzgar qué concepto tiene usted de la dificultad. Dicho de otra manera, cómo trata usted los problemas. ¿Tiene capacidad de decisión? ¿Tiene capacidad para soportar la presión? Ilustre sus propósitos describiendo una situación difícil de la cual usted no es responsable. Comente su gestión de las crisis, sus alternativas, y justifique su elección destacando el aspecto beneficioso. También puede citar que el despido de compañeros de trabajo es siempre un triste suceso.

– Si volviera a empezar, ¿qué cambiaría de su carrera?

¡Todo el mundo puede equivocarse! Elija preferentemente los errores de su juventud, imputables a la falta de experiencia, cometidos hace muchos años.

– ¿Cuáles son las cualidades necesarias para hacer un buen...?

Claramente, el entrevistador está preguntándole si comparte su criterio sobre cuáles son las cualidades y competencias técnicas requeridas para ese puesto. Si domina bien su función, esta cuestión no debería perturbarle, y aún menos si la ha meditado previamente.

– ¿Posee estas cualidades?

La respuesta es rotundamente sí. Sin embargo no basta con decirlo, hay que demostrarlo reivindicando sus éxitos, sus cualidades, su *Know-how* técnico.

– ¿Cuántas horas por semana trabaja?

Otra cuestión difícil; ya que mientras que algunos seleccionadores consideran que trabajar muchas horas refleja una actitud positiva, para otros es sinónimo de mala organización y falta de eficacia.

Responda con un «depende»: «Yo trabajo para alcanzar unos objetivos y cumplir con mis responsabilidades, no para hacer acto de presencia».

– Describa un día normal de trabajo

Aquí lo que quiere el entrevistador es ver cómo gestiona su tiempo, cómo se organiza, es decir, su efectividad. Prepárese previamente.

– *¿Qué ha hecho hoy?*

Prevea estas cuestiones para que no parezca que ha tenido un día banal e insípido.

– *¿Qué piensa de su carga de trabajo? ¿Cómo divide su tiempo de trabajo entre sus distintas responsabilidades?*

Estas dos preguntas tienen como finalidad analizar la forma de estructurar su tiempo de trabajo y su actitud en relación con la carga del mismo. Evite quejarse por tener siempre un volumen demasiado pesado.

– *¿Con qué otros departamentos de la empresa tiene contacto? ¿Con qué niveles jerárquicos tiene contacto? ¿Ha encontrado dificultades en este aspecto?*

Estas cuestiones pretenden evaluar la importancia que tiene para usted la comunicación con otros departamentos. Si tiene dificultades, cite aquéllas de las cuales no sea el culpable.

– *¿Cómo organiza sus días?*

El objetivo aquí vuelve a ser el de evaluar si es riguroso, si se organiza bien, si es flexible y sabe adaptarse en función de los acontecimientos externos.

En general, el entrevistador será favorable y se impresionará con aquel candidato que sepa organizar sus días y que diariamente establezca una lista de prioridades . Igualmente, dará ventaja a aquél que analiza el resultado de su actividad diaria con el fin de modificar su planificación para el día siguiente.

– Hábleme de su método de trabajo

Esta es una cuestión importante. Si usted ya tiene una primera visión de los métodos empleados en la empresa en la que le gustaría entrar a trabajar, podrá responder mejor a esta cuestión.

La respuesta posible: «Tengo objetivos, a corto, medio y largo plazo:

– a corto plazo: organización diaria de mis prioridades y revisión diaria de su realización,

– a medio plazo: objetivos mensuales, trimestrales, semestrales,

– a largo plazo: un año, tres años, cinco años».

Si dirige un equipo, hable de los métodos de trabajo que emplea: delegación, consecución de objetivos, control,...

– ¿Qué es lo que más le motiva en su trabajo actual?

El responsable de selección se esfuerza por analizar precisamente los factores que le motivan. Haga corresponder sus motivaciones con las necesidades del puesto y sea siempre positivo sobre su trabajo actual, pero sin exagerar. ¡No olvide que quiere cambiar de trabajo!

– ¿Qué es lo que más le desmotiva de su trabajo actual?

Atención, ¡terreno peligroso! Intente eludir esta pregunta ya que si da demasiados detalles podrá despertar la atención sobre posibles debilidades. Cite los inconvenientes inherentes a la estructura de su empresa, o a las casualidades coyunturales (el mercado...).

Lo que puede decir:

«En una gran empresa, la toma de decisiones es demasiado larga y frustrante...»

«En una PYME, uno no suele contar con los recursos necesarios para un rápido desarrollo».

− ¿Qué tipo de decisiones le cuesta tomar?

Esta pregunta «trampa» persigue revelar sus debilidades. Hable del despido de un compañero; es una decisión de la dirección que a nadie le gusta tomar.

Deje bien claro que sea cual sea la situación y la dificultad, usted toma las decisiones y asegura sus responsabilidades. Precise también que sabe ser firme a la vez que humano. Si no tiene un puesto directivo, responda que le parece difícil tomar una decisión porque no dispone de suficiente información. Añada que es peligroso arbitrar sólo con las sensaciones.

− ¿Cuáles han sido hasta el momento sus logros más importantes?

Seleccione los logros que tengan que ver con el trabajo propuesto. Nunca olvide especificar cuáles han sido los beneficios para su empresa.

Lo que puede decir:

«He lanzado un nuevo producto que completa perfectamente nuestra gama de productos frescos vendidos en grandes y medianas superficies (distribución). Éste representó al cabo de dos años el 25% de la facturación y el 15% de los productos de la empresa».

− ¿Está satisfecho de la progresión de su carrera?

Con esta pregunta el entrevistador está probando su ambición y autoconfianza y, al mismo tiempo, la percepción que tiene de usted mismo.

− ¿No está insatisfecho?

En la medida de lo posible, sea positivo. Si cree que tuvo un inicio de carrera difícil o si actualmente está en una etapa complicada, sea sincero.

Ejemplo: «Tuve problemas al comenzar mi carrera porque no encontraba mi camino. Actualmente, estoy centrado en la contabilidad y estoy francamente contento con la evolución de mi situación, aunque deseo realizar un cambio».

– ¿Dónde espera estar dentro de cinco años?

Su interlocutor está preguntándole si controla su carrera y si, a medio plazo, proyecta para el futuro.

Sea evasivo y no hable nunca de un puesto específico. Actualmente el curso de una carrera puede modificarse rápidamente, en una dirección u otra.

Si se muestra demasiado determinante, dará la sensación de ser irrealista, muy o demasiado poco ambicioso.

Comente que su deseo es mejorar técnicamente, consolidando al mismo tiempo sus valores. Puede concluir esta pregunta diciendo: «Naturalmente, me interesaría mucho conocer su punto de vista sobre las evoluciones posibles del puesto».

– ¿Alcanza siempre sus objetivos?

Aunque esté tentado a responder afirmativamente, diga a su interlocutor que, en los negocios el éxito depende de muchos factores, especialmente externos, y es difícil conseguir siempre los objetivos que nos hemos fijado.

– En su opinión, ¿cuánto tiempo necesitará para realizar una verdadera contribución a nuestra empresa?

Dos soluciones:

- Su interlocutor ya le ha hablado del puesto y de la empresa: tiene una oportunidad para vender sus puntos fuertes y las ventajas que pueda ofrecer a su futuro empleador. No dé datos precisos y diga que, considerando sus capacidades, está seguro de poder aportar una contribución rápida; también comente que, antes de hacer ninguna contribución, lo primero que tiene que hacer es escuchar y comprender la empresa y sus colaboradores.

- Su interlocutor no le ha hablado todavía del puesto ni de la empresa: responda por ejemplo: «Me gustaría aprovechar la oportunidad de esta pregunta para que me precisara los cometidos del puesto porque sin ellos me será difícil responder con exactitud». En efecto, ¿cómo responder acerca de su contribución si no conoce el puesto? Esto no es serio.

– *¿Qué es lo que le impulsa a levantarse por las mañanas?*

Una única respuesta: el deseo de actuar y de construir, tanto en su vida profesional como en la personal.

– *¿Cuál ha sido el informe más complejo que ha tenido que redactar?*

Ésta es también una cuestión peligrosa, ya que indica las cosas que le parecen complejas. Hay que explicar por qué motivos ese informe le pareció complejo y las lecciones que aprendió.

– *¿Ha tenido que tomar alguna vez una decisión impopular?*

Esta cuestión es importante; permite a su interlocutor situar con más precisión su nivel de responsabilidad y su nivel de actividad. Cuanto más elevado sea su nivel de responsabilidad más probable será que haya tenido que tomar decisiones de este tipo.

Explique por qué la decisión fue impopular y qué hizo para intentar suvizar su impacto. Por último, demuestre que también sabe tomar decisiones impopulares pero buenas para el interés de la empresa, sin dejar nunca de ser humano.

– *¿Trata problemas complejos? ¿Cuáles?*

Su interlocutor intenta identificar aquello que le resulta complejo y que por tanto, puede suponerle un problema.

Reflexione sobre la complejidad de su trabajo y demuestre mediante dos ejemplos, cómo hace frente a esta complejidad.

– ¿Determina objetivos personales? Hábleme de sus objetivos actuales importantes. ¿Qué hace para conseguirlos?

Al responder va a dar información al entrevistador sobre sus prioridades, su grado de voluntad para realizar cosas. Elija aquellos objetivos que puedan corresponderse con los del puesto que está solicitando.

– ¿Cómo describiría un ambiente de trabajo productivo? ¿Podría citarme un ejemplo en el que en circunstancias difíciles haya conseguido involucrar a su equipo?

Estas dos preguntas tienen por objetivo verificar si es un líder o un aliado. Muestre cómo ha desempeñado exitosamente responsabilidades teniendo en cuenta el bienestar de su equipo.

Preguntas sobre su comportamiento en el trabajo

– ¿Le gusta trabajar solo o en equipo?

Si contesta sin tener un conocimiento suficiente del empleo solicitado, está perdido. De ahí la importancia de las preguntas que haya formulado anteriormente.

Lo que puede decir:

«Me adapto a todas las circunstancias. Soy capaz tanto de aislarme para reflexionar, como de abrirme para trabajar en equipo. Por otra parte, en mi trabajo actual...»

– Defina el término cooperación

Ésta es una pregunta abierta destinada a comprobar su percepción del trabajo en equipo.

– ¿Cómo se sintió cuando entró en su última empresa y se encontró por primera vez con su equipo?

Es importante haber reflexionado previamente sobre esta cuestión: ¿la novedad le desestabiliza? ¿Necesita un tiempo de adaptación? Si éste es su caso, explíquelo y arguméntelo, ya que esto puede preocuparle a su empleador.

– ¿Qué haría si estuviera en desacuerdo con algún superior?

Dicho de otra manera, ¿cómo reacciona ante una tensión o un conflicto?

Lo que puede decir:

«Durante una conversación o una reunión, si mi jefe me pide mi opinión, se la daré, aunque no esté de acuerdo con él. Si por el contrario, no me pide mi opinión, se la expresaré posteriormente y le expondré entonces mis temores».

De esta manera, demuestra que es capaz de asumir sus diferencias, pero siempre con tacto.

– ¿Cómo reaccionaría si su superior le reprochara un error imputable a uno de sus colaboradores?

Por regla general, usted siempre tiene que apoyar a sus colaboradores y velar para que no vuelvan a cometer el mismo error. Si se repitiera el mismo error, tendría que hablar con el responsable y si es preciso despedirle.

– ¿Qué detesta de los demás?

Con esta pregunta el interlocutor puede tener dos intenciones:

– La primera: deducir, a partir de su respuesta y siguiendo el principio del contrario, cuáles son sus características: no soporta la lentitud, entonces usted es rápido, no soporta la intolerancia, entonces es tolerante...

— La segunda: puede que tenga en mente a los miembros de su futuro equipo con sus rasgos particulares de carácter. Está comprobando simplemente su posible adaptación.

Con prudencia, cite aquellos defectos con los que su interlocutor seguramente estará de acuerdo: «La incompetencia, la mentira,...»

− ¿Es capaz de trabajar bajo presión?

Hágale precisar de qué nivel de presión está hablando: ¿una presión muy fuerte, una presión débil o moderada...?

Evidentemente su interlocutor no tiene el mismo concepto que usted de la presión. Respete por tanto la regla que dice que no debe responder jamás a una cuestión que no haya comprendido a la perfección. Si le gusta trabajar bajo presión responda: «Sí, y además lo encuentro estimulante. De todas formas, siempre que es posible intento planificar mi trabajo y evitar así el estrés inútil que ocasiona el trabajo realizado en el último minuto».

− ¿Cuáles son sus debilidades?

Esta pregunta típica intenta evaluar la parte de riesgo que correrá la empresa al contratarle. No pretenda no tener ninguna debilidad. Evidentemente se reirán de usted y será eliminado inmediatamente.

Tiene dos opciones:

– Primera opción: explotar una laguna profesional. Ésta puede ser la falta de experiencia, no problemática, en la función que desea.

Lo que puede decir:

«No soy experto en hablar en público. Reconozco que se debe a la falta de práctica»

No admita defectos personales tales como el mal carácter o la dificultad para levantarse por las mañanas. En este último caso, sospecharán que llegará tarde día sí día no y que no será productivo hasta el mediodía...

– Segunda opción: describir una debilidad personal o profesional que pueda ser considerada como una cualidad.

Lo que puede decir:

«Sé que mis compañeros reprochan mi alto nivel de exigencia. Es cierto que a veces, pido demasiado. La ausencia de resultado me disgusta y me frustra. Sin embargo, creo haber progresado en este aspecto. Por último, sé muy bien cómo motivar a mis colaboradores».

– Describa una situación en la cual su trabajo haya sido objeto de críticas. ¿Cómo reacciona ante las críticas? ¿Es capaz de reconocer y explicar sus errores?

Elija un caso que no haya tenido consecuencias negativas para la empresa, especialmente consecuencias económicas: por ejemplo, una idea buena que tuvo, pero que después de haberla reflexionado y discutido con la directiva resultó ser equivocada. Demuestre que saca provecho de las críticas.

– ¿Si fuera a ver a su jefe para pedirle un aumento, cómo lo justificaría?

Evite la respuesta «Porque me lo merezco». Lo que tiene que demostrar ante todo es el valor añadido, la contribución que aporta a la empresa. Esto probará que siempre tiene presente los intereses de su empresa.

Esta cuestión suele originar otra: «¿Ha hablado con su jefe sobre su deseo de dejar la empresa?»

– ¿Qué va a decir su jefe cuando le anuncie su decisión?

Esta pregunta permite a su interlocutor comprobar su determinación de dejar la empresa. Si pretende utilizar la nueva oferta para negociar una mejora en su empresa actual, mejor no lo diga o estará perdido.

– ¿Qué rasgo de personalidad ha intentado mejorar en los últimos seis meses?

Es una cuestión importante: diga que está intentando progresar y que no es una persona rígida y sin ambición.

– ¿Podría hablar de alguno de los proyectos que le han rechazado? ¿Cómo reaccionó? ¿Qué hizo?

Su interlocutor está buscando un punto amargo. Aunque piense que no reconocieron su ingenio o sus competencias en su justo valor, intente no descargar de forma demasiado evidente su malestar porque no le hayan aceptado alguno de sus proyectos.

– ¿Podría darme un ejemplo en el que su actuación no estuvo a la altura de sus ambiciones?

Ésta es una cuestión delicada: sea sincero, busque una situación que no haga dudar a su interlocutor de sus capacidades para ocupar el puesto que está solicitando. No olvide explicar a su interlocutor lo que aprendió de esta experiencia.

– Describa un proyecto que haya requerido un gran nivel de implicación por su parte durante mucho tiempo

Esta cuestión busca evaluar su motivación y tenacidad.

Los negocios son una verdadera carrera de fondo, y las empresas prefieren a maratonianos que a *sprinters*. El entrevistador también quiere saber de dónde viene su energía, lo que le hace avanzar. Esta pregunta suele completarse con otra. ¿Cómo hace para mantener intacto su entusiasmo?

Intente mostrar con varios ejemplos su tenacidad haciendo constar al mismo tiempo que sabe retroceder: tenga cuidado de no confundir tenacidad con obstinación.

¿Cuál es su grado de flexibilidad? ¿Es usted rígido o adaptable? Éste es el significado oculto de esta pregunta. ¿Sabe cambiar sus hábitos sin problemas?

— ¿Podría hablarme de un caso en el que haya estado obligado a modificar su planificación del tiempo por culpa de un problema urgente a resolver?

En este caso, el entrevistador intenta probar de nuevo su flexibilidad y su sentido de la organización.

> *Los defectos son como los faros de los automóviles;*
> *sólo los de los otros nos ciegan.*
>
> MAURICE DRUON

— ¿Es usted más bien un hombre de acción o de reflexión?

Ésta es una cuestión difícil, la dirección que debería dar a su respuesta depende de varios factores:

- de usted: de su personalidad;
- de las cualidades necesarias para el puesto: acción, reflexión, ambas;
- de las características que busca en el próximo puesto: puesto operativo, puesto funcional, puesto de comercial, puesto de analista...

Aunque su elección sea simple, por ejemplo si usted es comercial, desea un puesto de comercial y solicita un puesto de comercial, responda que es un hombre de acción (puesto que es lo que espera su interlocutor), pero argumente su respuesta (hable de algunas acciones exitosas) dejando bien claro a su interlocutor que también sabe reflexionar. Evidentemente, nunca se lanzaría a una acción sin antes haberla reflexionado.

Concluya diciendo que en ningún caso sus acciones se demoran por culpa de la reflexión.

Otras cuestiones posibles

– ¿Le gusta el riesgo? ¿Qué opinan del riesgo sus subordinados?
En su opinión, ¿qué hace que una reunión sea productiva?
¿Le gustan las responsabilidades? ¿Sabe asumirlas?
Ejemplos

Cuestiones diversas

– ¿Cuáles son sus aficiones? ¿Qué hace en su tiempo libre?

El entrevistador no es indiscreto, simplemente quiere conocerle mejor, sacar a relucir su personalidad. Como puede imaginarse no tiene ningún interés contarle que se pasa todo su tiempo libre delante de la televisión. En esta pregunta, vuelva a poner el acento en aquellas cualidades que desarrolla en sus aficiones y que pudieran serle útiles para ejercer su oficio.

Puede que no tenga ningún pasatiempo. En este caso, explique que está consagrado plenamente a su trabajo y dedica todo su tiempo libre a la familia. Recuerde que lo esencial es demostrar que tiene una vida equilibrada.

Por favor, evite el más común: «Me gusta el deporte, el cine y salir con los amigos»... ¡Lo dice todo el mundo! Necesariamente tiene una aficion más original de la cual podrá hablar (una colección, los automóviles, idiomas, la cocina vasca,...) ¡Pero cuidado! Si dice interesarse en la música clásica del siglo XVIII, tiene que conocer los compositores y obras destacadas de esta época!

– ¿Ha realizado el servicio militar? ¿Qué hizo durante el servicio
militar? ¿Qué le ha aportado? ¿Tiene muchos amigos?
¿Practica algún deporte? ¿Tiene alguna afición?

Todas estas cuestiones, aunque tienen que ver con su tiempo libre, son una ocasión para darse a conocer mejor, y destacar sus cualidades personales y profesionales. Por otra parte, estas cuestiones contribuyen a relajar el ambiente durante la entrevista.

De nuevo, se trata de asegurar que lleva una vida equilibrada, y que es capaz de relajarse y de retroceder. Al mismo tiempo, intente averiguar qué es lo que le interesa a la persona que le está entrevistando.

Descubrir alguna afición en común puede ser un punto a su favor.

Cuestiones difíciles y estresantes

— Si hablara con sus antiguos empleadores, ¿qué me dirían acerca de usted?

Evidentemente su entrevistador va a tomar referencias. Está probando su franqueza y dándole la posibilidad, a priori, de exponer problemas posibles. Haga hincapié en los mejores aspectos de la colaboración con su antiguo jefe y no le oculte las malas experiencias. Justifíquelas serenamente.

— Cuestiones difíciles y privadas (religión, raza, salud, sexualidad, opiniones políticas,...)

No pueden interrogarle sobre su vida privada. Evitará un enfrentamiento demasiado directo si pregunta qué tiene que ver esa pregunta con el puesto. Es posible que la respuesta le aparte definitivamente de la entrevista.

— ¿Por qué ha dejado su antiguo empleo?

No ganará nada haciéndose pasar por víctima, imputando toda la culpa a su jefe. Simplemente diga que no tenía buena comunicación con él y que visto retrospectivamente quizás debería haber actuado de diferente modo. De esta manera demostrará su capacidad para sacar provecho de los errores. Lo más fácil es exponer una falta de perspectiva de futuro.

– ¿Por qué ha estado tanto tiempo trabajando en el mismo puesto y en la misma empresa?

Las mentalidades han evolucionado. Lo que antes entendíamos por lealtad, por complejidad de las estructuras y por aceleración de los cambios de las carreras, denota actualmente una cierta inercia, un enfrentamiento tímido a los cambios. Probablemente tendrá que justificar este punto si ha estado trabajando durante cinco años en el mismo puesto y en la misma empresa. No ocurre lo mismo si usted ha estado evolucionando regularmente en el seno de una empresa.

Si no se ha beneficiado de ninguna promoción y siempre ha ejercido las mismas funciones, recalque que en el transcurso de los años ha ido cambiado conforme se iba modificando la empresa: han aparecido nuevos productos, nuevos mercados, cambios de tamaño, de estructura... Su trabajo ha seguido forzosamente estas modificaciones. Por último, si no ha ocurrido ninguna transformación, alegue que la lealtad y la estabilidad son los valores que defiende. Le gusta comprometerse plenamente y a largo plazo con un proyecto profesional en el que cree y, por tanto, las empresas pueden contar con su fidelidad y su capacidad: no espera una promoción al precio que sea.

– ¿Por qué lleva tanto tiempo en el paro?

Pueden formularle esta pregunta de diferente manera: ¿qué pasa con usted? ¿Por qué debería arriesgarme a contratarlo?

Lo que puede responder:

«Usted sabe tan bien como yo, que la situación del empleo no es tan brillante. Los puestos que me han ido ofreciendo no eran lo que estoy buscando. O, creo que es perjudicial aceptar cualquier empleo. Pienso que puedo satisfacer sus necesidades. Ésta es la razón por la que estoy hoy delante de usted».

– ¿Tiene otras alternativas? ¿Ha realizado otras entrevistas?

¡Por supuesto que sí!, pero no dé demasiada información acerca de las empresas y sea preciso sobre la función. Es normal no citar el nombre de las empresas. Si no tiene otra alternativa, invéntelas para inquietar a su interlocutor. Concluya afirmando que las otras oportunidades le interesan menos que la que le están ofreciendo y argumente su respuesta.

– ¿*Por qué ha cambiado cuatro veces de empresa en cinco años?*

O dicho más claramente, ¿es usted inestable? ¡No caiga en la trampa! Responda demostrando la coherencia de su progreso y haciendo hincapié en los incrementos salariales que ha conseguido con cada cambio de empresa. Por último, comente que estos cambios han contribuido muy positivamente al conocimiento de su profesión.

– ¿*Qué le irrita en la vida? ¿Cuáles son sus «puntos débiles»?*

Lo que puede decir:

«Me esfuerzo por no reaccionar de forma airada y controlar activamente los acontecimientos. De todas formas, reconozco que no me gusta la gente con mentalidad estrecha y que no da ninguna muestra de flexibilidad». En este caso, aproveche también la oportunidad para dar la imagen de ser una persona abierta y flexible. ¡Salvo si ésta no es su verdadera personalidad!

– ¿*Qué respondería si le dijeran que su actuación ha sido ineficiente?*

El único propósito de esta pregunta es desestabilizarle. ¡Esté preparado para afrontarla! Y sobre todo, no pierda de vista que su interlocutor le está hablando en condicional. De hecho, está comprobando su reacción ante la crítica, por muy agresiva y desagradable que sea.

Lo que puede decir:

«Me esforzaré en analizar las razones de esta impresión negativa.»

– ¿*No cree que es demasiado joven para este puesto?*

Una única respuesta: los éxitos que haya obtenido en sus puestos anteriores. Demostrará así que uno puede ejercer las responsabilidades independientemente de cuál sea su edad.

– ¿No cree que es demasiado mayor para este puesto?

Uno puede ser maduro a los 25 años, pero en su caso, su entusiasmo y potencial físico están intactos. Además, su madurez profesional y su conocimiento de la vida son valores muy importantes.

– ¿Ha fracasado alguna vez en su carrera profesional?

Responda afirmativamente analizando estos fracasos y destacando lo que de ellos ha aprendido.

– ¿Por qué se contenta a su edad con un salario tan bajo?

Otra cuestión para desestabilizarle. Lo que puede decir:

«Siempre he pensado que es necesario emplearse para adquirir un *Know-how* y unas competencias. El salario ya aumentará».

Para concluir, devuelva la pregunta: «¿Cuánto estima usted que tendría que ser mi salario actualmente?»

– ¿Qué haría si le despidieran dentro de dos años?

No olvide que su interlocutor está hablando en condicional. Quiere probar su reacción, responda serenamente que «aunque no creo que esto vaya a suceder, si por casualidad ocurre, espero que tras dos años en la empresa, habré mejorado mi experiencia y mis competencias en las áreas X, Y y Z, y por tanto, podré volver a estar presente en el mercado de trabajo».

– ¿Por qué a su edad no está ganando más?

Posibles respuestas:

- «Se debe principalmente a los niveles salariales del sector. De todas formas estoy en la media salarial de la profesión».

- «Es cierto, podría estar mejor pagado, sin embargo, compenso esta diferencia con el interés del puesto y con un buen ambiente de trabajo. Actualmente, estoy buscando estos dos componentes junto con un salario más alto. Por este motivo solicito su puesto».

- «Empecé tarde a trabajar ya que me dediqué a realizar estudios de larga duración».

- «Empecé en una gran empresa en la que existían dos niveles salariales: teniendo en cuenta mis títulos, mi salario era medio. Por esto me gustaría cambiar, desearía encontrar una empresa que valorara la competencia individual y la experiencia más que los títulos».

Esta pregunta pretende desestabilizarle, si su interlocutor no le cree hágale la siguiente pregunta: «¿Cuánto cree que debería ganar actualmente?» Si da una cifra, no olvide utilizarla a su favor durante la negociación del salario.

– ¿A cuántas personas ha seleccionado recientemente? ¿Qué cualidades busca cuando intenta reclutar a un futuro colaborador? Cuénteme el último despido que haya realizado.

Preparar estas preguntas que son sobre su estilo de «management».

¿Cuáles son las razones de su éxito en esta profesión?

Es inútil dar ejemplos de sus éxitos, su interlocutor quiere saber por qué prospera. «Creo que prospero por tres razones: busque tres o cuatro razones que estén en relación con las cualidades que busca su interlocutor».

– ¿Está satisfecho de cómo ha progresado su carrera hasta el día de hoy?

Sea positivo sobre sus resultados, dando a entender a su interlocutor que todavía tiene potencial y cosas por aprender.

«Comparándome con mis compañeros de promoción creo que he prosperado muy bien. Actualmente, teniendo en cuenta mi experiencia y mis capacidades, puedo contribuir verdaderamente al desarrollo de su empresa».

– ¿Cuánto tiempo va a quedarse en nuestra empresa?

«Todo lo que me ha contado sobre el puesto y la empresa me interesa mucho. Me gusta progresar, aprender. No tendré ningún motivo para dejar su empresa, siempre y cuando continúe progresando y aprendiendo. En su opinión, ¿cuánto tiempo piensa que estaré en su empresa?»

– ¿Cómo reacciona ante un estilo de dirección de «excesivo control»?

Esta frase encierra dos preguntas: ¿Acepta ser controlado? ¿Acepta la crítica?

«En mi opinión existen dos tipos de dirección: una dirección participativa en la que mi director dedica tiempo a explicar las cosas y una dirección más de «ordeno y mando» en la que el director no siempre tiene tiempo para explicar al momento el porqué de su demanda. Aunque las dos me parecen bien, prefiero evidentemente la primera, pero comprendo a la perfección que, a veces, hay prioridades».

– Tiene una cita con su médico a las 12.00 h. Ha tardado tres semanas en conseguirla. En el último minuto surge una reunión profesional urgente. ¿Qué hace?

Ésta es una técnica de entrevista denominada de situación: el entrevistador plantea un problema y analiza la respuesta del candidato.

En este caso concreto, intente ponerse en el lugar de su director. Si yo fuera el director y me viese obligado a planificar una reunión urgente, ¿cuál sería mi reacción si uno de mis colaboradores me dijera que tiene una visita con el médico?

Evidentemente, es una cuestión de matiz. Si la visita es por una grave enfermedad, la cuestión tiene rápida solución.

Lo que podría responder:

«Depende del grado de urgencia de la visita con el médico. Si ésta puede esperar, anularía la visita y me prepararía para la reunión».

– *¿Cómo se las arregla para ir a las entrevistas en horas de trabajo?»*

¡Sobre todo no diga que se inventa visitas con su médico!

Explique simplemente que tiene algunos días de vacaciones pendientes. Deje bien claro que quiere cambiar, pero que no desea perjudicar a su actual empleador.

– *¿Qué es lo que nunca le ha gustado de su última empresa?*

No critique nunca la empresa en conjunto, ponga ejemplos aislados: «Algunos compañeros no tenían el mismo nivel de exigencia que yo en cuestión de servicio al cliente...»

– *¿Cómo me evalúa como entrevistador?*

Esta es una pregunta peligrosa. Evidentemente no siempre es bueno decir la verdad: si piensa que su interlocutor es un incompetente, ¡no lo diga!

Podría responder: «Es una de las entrevistas más difíciles que he realizado. Dicho esto, comprendo muy bien el significado de sus cuestiones y lo que quiere saber de mí. Todo es normal».

Finalice con una pregunta: «¿Cree que me ajusto al perfil que está buscando?»

– *Creo que no tiene el perfil del puesto de trabajo*

Normalmente lo que pretende el interlocutor con esta afirmación es probar su resistencia al estrés, su determinación, su escucha, su combatividad. A lo mejor, ni siquiera piensa lo que acaba de decir. De hecho, al desestabilizarle está dándole una oportunidad para aventajarse sobre la mayoría de los candidatos mal preparados para esta pregunta.

Intente responder con otra pregunta: «¿Podría explicarme por qué dice esto?» (¡no se altere!).

Tiene que ganar tiempo e intentar averiguar más sobre esta objeción antes de preparar su defensa: ¡escuche!

– *¡No me ha convencido de su interés por el puesto!*

«Es interesante que me diga esto.» Vuelva a exponerle la buena impresión que tiene del puesto, de su empresa y de la contribución que puede aportar... Evalúe de nuevo su opinión: «¿Está ahora más convencido?»

> *Los jóvenes están más capacitados para inventar que para juzgar,*
> *para emprender que para dirigir.*
>
> FRANCIS BACON

7
Ejemplos de una entrevista

Me parece interesante ofrecerle un breve resumen de una verdadera entrevista de selección.

Tomemos un caso concreto: Pablo Martín, de 45 años, acaba de ser despedido ya que la empresa para la que trabajaba ha sido recientemente objeto de una OPA. Su puesto ha sido eliminado ya que estaba duplicado. Ha trabajado durante 14 años en la misma empresa, 6 de ellos como director financiero. Ha dedicado toda su energía a esta empresa, que tenía dificultades económicas importantes, sin apenas obtener ninguna recompensa: hacía horarios interminables, pocas vacaciones, ningún aumento de sueldo, y finalmente, el despido. Pablo, a la hora de hacer balance se ha dado cuenta de que su lealtad no ha contado para nada en la decisión de la multinacional. Tiene dificultades para encontrar un nuevo empleo principalmente porque «se vende» mal en las entrevistas.

Alexis de Bretteville: «Sr. Martín, actualmente está solicitando un puesto de director administrativo y financiero en una compañía americana. Esta compañía ha encargado a nuestra empresa de selección que busquemos a un director administrativo y financiero. Le propongo por tanto que me hable de usted. En la próxima entrevista, le formularé algunas preguntas sobre su trayectoria y hablaremos del puesto a cubrir».

Pablo: «Tengo 45 años y hace uno que estoy en el paro. Nunca he llegado a entender por qué me despidieron de la empresa X. Ganaba 12 millones de pesetas y ahora estoy buscando un puesto de director administrativo y financiero a la medida de mis capacidades. En la empresa X ocupaba este puesto y tenía a mi cargo un equipo contable y financiero.

Antes de X, estuve trabajando tres años para Y, como director administrativo y por último, en 1975, entré como auditor en uno de los despachos británicos más importantes: X&Y; esta última fue para mí una de las experiencias más apasionantes, era verdaderamente variada. Dejé la compañía porque me di cuenta de que tenía pocas posibilidades de llegar a socio. Un último comentario, tengo el título de censor jurado de cuentas».

Comentarios: *Ni el inicio de la entrevista ni su presentación han sido buenos por los siguientes motivos:*

- *Es negativo: empieza diciendo que está en el paro y que no comprende el porqué.*

- *No presenta sus competencias en función de las necesidades del cliente.*

- *No se apoya en sus puntos fuertes: sólo menciona de pasada su título de experto contable sin insistir en el interés de este título y de la garantía técnica que representa para su interlocutor.*

- *En su exposición da una sensación de amargura, creando así una sensación de malestar en su interlocutor.*

- *No justifica ni explica por qué dejó sus anteriores empleos.*

- *No expone cuáles son sus proyectos.*

- *Por último, no da ninguna precisión sobre sus realizaciones: era responsable de un equipo contable y financiero. No; «Tendría que haber mencionado el número de personas que tenía bajo su responsabilidad».*

Retomemos con Pablo la entrevista tal y como debería haber sido si la hubiera preparado previamente.

Pablo: «Tengo 45 años, además poseo el título de experto contable que junto con mi experiencia, hacen de mí un profesional y un excelente técnico de la dirección administrativa y financiera. Empecé mi carrera en el mundo de la auditoría en Y&Y, ésta me ha permitido adquirir un buen método de trabajo en auditoría de cuentas, he realizado por ejemplo dos auditorías de adquisición (X pesetas y X pesetas); este método de trabajo será de gran utilidad para su cliente, ya que el puesto descrito en el anuncio mencionaba que el director financiero tendría que participar en algunas adquisiciones. Esto me ha permitido también familiarizarme con los sistemas contables de numerosas empresas, cosa que me ayudará a poner en práctica el nuevo sistema de *reporting* que su cliente quiere instalar. Me llamaron para ir a trabajar a la empresa Col... como director contable: la experiencia me interesaba por tres razones:

- La dirección de 25 personas.
- La responsabilidad y el cambio complejo de los sistemas de información.
- La práctica avanzada de la informática.

Esta experiencia fue concluyente ya que en tres años reduje de 25 a 19 el número de personas del equipo de contabilidad, además formé a gente más competente y repartí mejor las tareas. Puse en práctica un sistema de *reporting* que actualmente siempre se utiliza. Por último, he conseguido reducir el saldo de cuentas a cobrar en un 10%.

Puesto que este trabajo era, para mi gusto, demasiado contable, decidí buscar un empleo como director financiero y así fue como, en 1981, empecé a trabajar en COM...INFORMÁTICA. Mi carrera progresó excelentemente con ellos, en cuestión de salario y responsabilidad. A partir de 1991, la crisis afectó de lleno al sector informático, y nuestra empresa se vio seriamente perjudicada. A pesar de todo, conseguimos realizar un plan drástico de reducción de costes: en 3 años un 30% menos de gastos en todas las áreas. He puesto en práctica un Control de Gestión eficaz con una serie de cuadros de mando sofisticados. La empresa fue comprada a principios de 1994, y como que el comprador ya tenía un director financiero, mi puesto sobraba y fui eliminado. Desde entonces, he estado realizando diferentes tareas. He ayudado a un amigo a montar una empresa y a implementar su sistema de gestión.

El empleo que me propone me interesa mucho por varias razones:

Están buscando un director financiero capaz de desarrollar a la empresa para las adquisiciones introduciendo todas las herramientas contables y financieras necesarias para generar este conocimiento. Esto es precisamente lo que hacía en X&Y, y por tanto creo que podré aportar mucho a su cliente. Los 15 años que pasé en X&Y me permitieron familiarizarme con la cultura y los métodos anglosajones, punto muy favorable teniendo en cuenta que su empresa cliente es anglosajona.

«Aquí tiene un breve resumen de mi carrera ¿quiere que desarrolle más en detalle algún punto de ella?»

Comentario: *Imagino que ha captado la diferencia entre las dos presentaciones. Ahora continuemos la entrevista con las respuestas del candidato a algunas de mis preguntas.*

Alexis de Bretteville: ¿Cuál es su estilo de dirección?

Pablo: Delego mucho, creo firmemente en la autonomía.

Alexis de Bretteville: ¿A cuántas personas ha dirigido? ¿Cuáles eran sus calificaciones?

Pablo: He dirigido con éxito a 19 personas: 3 directivos y 16 empleados.

Comentarios: Las respuestas de Pablo son demasiado cortas, no las argumenta. En ningún momento Pablo ha explicado que posee una gran facilidad de adaptación y que puede amoldarse a cualquier tipo de persona y situación.

Pablo ha insistido demasiado en la autonomía que da a sus colaboradores. Si saber delegar es importante, saber controlar también lo es. Intente dar una imagen equilibrada. Podría haber respondido por ejemplo: «Algunos colaboradores deber ser controlados estrictamente, otros son más autónomos, mientras que otros todavía necesitan ánimo y consideración».

Alexis de Bretteville: ¿Con qué tipo de personas prefiere trabajar?

Pablo: Me gusta trabajar con gente rigurosa, honesta, motivada y entusiasta.

Comentario: Pablo tiene motivos para insistir en las cualidades que el seleccionador va a intentar descubrir en él y que son importantes para el puesto. Partiendo del principio de que a todos nos gusta trabajar con aquéllos con los que compartimos los mismos valores e ideas, exponga los factores positivos e importantes para desempeñar la función que está solicitando.

Alexis de Bretteville: ¿Qué le resultó difícil del último trabajo que desempeñó?

Pablo: En la última etapa, la relación con mi jefe era muy tensa. Mi jefe no dominaba demasiado bien la difícil situación que estábamos atravesando. Sin duda el mercado fue el principal culpable de esta situación pero su mala gestión también influyó.

Comentario: ¡Atención! Pablo no ha respondido demasiado bien a esta delicada pregunta. Ante todo debería decir que no encontró ninguna dificultad en particular, que desempeñaba bien su trabajo. Podría haber dado algún ejemplo de dificultades que estuvieran fuera de su control y de las cuales no fuera culpable. Además, podría haber dicho: «La recesión del mercado de la informática produjo serias dificultades en la marcha de nuestra empresa».

Alexis de Bretteville: Describa un día de trabajo típico.

Pablo: Intento organizar mis jornadas de trabajo el día anterior. De esta manera, consigo definir claramente mi prioridad para el día siguiente. Reúno a mis colaboradores para fijar el programa del día y los objetivos a alcanzar. Soy muy organizado y riguroso en la gestión de mi tiempo.

Comentario: Pablo responde muy bien a esta pregunta, cuyo objetivo es comprobar su organización, la gestión de su tiempo, su eficacia.

Alexis de Bretteville: ¿Qué es lo que le motiva en su puesto actual?

Comentario: esta cuestión tiene por objetivo analizar los factores de motivación de Pablo: su objetivo debería ser resaltar todavía más sus motivaciones sobre las necesidades del puesto a cubrir. Tendría que ser positivo sobre su actual trabajo, pero sin exagerar, ya que su intención es cambiar de empresa.

Alexis de Bretteville: ¿Cuáles son las cualidades necesarias para ser un buen director administrativo y financiero?

Pablo: El rigor y saber escuchar.

Comentario: En esta ocasión Pablo, puesto que no ha preparado la entrevista, también responde demasiado lacónicamente. Esta cuestión debería ser una excelente ocasión para ajustarse a las necesidades de su interlocutor.

Alexis de Bretteville: ¿Posee usted estas cualidades?

Pablo: Por supuesto que sí.

Comentario: Pablo no está demostrando nada. Por supuesto que es necesario responder afirmativamente a esta cuestión, pero también es cierto que no basta con decirlo, hay que demostrarlo ilustrando los éxitos, las cualidades, el «Know-how» técnico.

Alexis de Bretteville: Si pudiera volver a empezar, ¿qué haría diferente en su carrera?

Pablo: Nada, yo asumo mis responsabilidades.

Comentario: Respuesta frágil, ¡todo el mundo es susceptible al error! Elija preferentemente algunos errores de su juventud, imputables a la falta de experiencia y ocurridos hace muchos años.

Alexis de Bretteville: ¿Qué tipo de decisiones le cuesta más tomar?

Pablo: Principalmente las decisiones referentes al despido de compañeros. El despido es una decisión difícil que a nadie le gusta tomar. En cualquier caso, sea cual sea la situación y la dificultad, sé tomar decisiones y asumir mis responsabilidades.

Comentario: Si no está ocupando un puesto de directivo, diga que le parece difícil tomar una decisión porque no tiene información suficiente sobre el problema.

Alexis de Bretteville: ¿Qué haría si estuviera en desacuerdo con alguno de sus superiores?

Pablo: Muchas veces he estado en desacuerdo con mi jefe. Siempre he pensado que mi jefe arriesga demasiado, y así se lo he comentado en las reuniones.

Comentario: Pablo comete un error al responder tan sinceramente a esta cuestión: se arriesga a dar una imagen negativa de sí mismo; su interlocutor puede llegar a pensar que es una persona difícil de dirigir.

Alexis de Bretteville: ¿Cuáles son sus debilidades?

Pablo: Me cuesta hablar en público. Reconozco que es por falta de práctica, sé que mis relaciones...

Comentario: Buena respuesta. No admita nunca los defectos personales.

Alexis de Bretteville: ¿Es capaz de trabajar bajo presión?

Pablo: Sí, y además lo encuentro estimulante. De todas formas, siempre que es posible, intento planificar mi trabajo y evitar así el estrés que ocasiona el trabajo hecho a última hora.

Comentario: Buena respuesta de Pablo.

La entrevista continuará con otras preguntas, similares a las que hemos abordado en el capítulo anterior.

Conclusión

La respuesta es positiva, ha sido contratado. ¡Felicidades!

Ha conseguido su objetivo. Despídase de su actual empleo con dignidad, acabe bien con su empleador, no sabe lo que le depara el futuro. Escriba una nota breve personalizada a todas las personas que le han ayudado en la búsqueda y no olvide, cuando esté empleado, ayudar a aquéllos que tienen dificultades.

La respuesta es negativa: otro candidato es mejor que usted, se ha vendido mejor... ¡así es el juego!

Si este es el caso, no dude en volver a contactar con su interlocutor para saber por qué su candidatura ha sido rechazada; no sea agresivo, su objetivo es tener en cuenta sus comentarios para así preparar mejor su próxima entrevista.

De todas formas no se desmoralice; nunca he visto contratar a un candidato deprimido, desmotivado y desmoralizado. Si cree en sí mismo, en sus competencias, alguien llegará a creerle también.

En la vida, cuando queremos algo, no tenemos a nadie delante.

EDOUARD LECLERC

Anexo

Pistas para encontrar ofertas de empleo

La prensa

ABC, La Vanguardia, El Mundo, El Periódico, El País, Expansión, Actualidad Económica, La Razón, La Gaceta de los Negocios, Cinco Días, El Económista, Dinero, Mercado de Trabajo, Laboris,...

Periódicos regionales

La Voz de Galicia, El Correo, Diario de Sevilla, Correo español, Diario de Navarra, Las Provincias, El Diario Vasco, Levante, Avui, Regió Set, Diari de Tarragona, El Segre.

Lectura de la prensa profesional

No deje de contactar con las empresas «víctimas» de movimientos de personal directivo. Infórmese de ellos en la prensa. Por ejemplo, el Sr. deja su puesto de director de compras de la empresa Z para pasar a formar parte de la dirección de la empresa Y.

Telefonee a la empresa Z para saber si el puesto del Sr. ya ha sido ocupado. Con un poco de suerte será el primero en obtener una buena pista.

Revistas de las escuelas y universidades importantes

Para todos los puestos de alto nivel, las empresas de selección y los cazatalentos envían regularmente una descripción de sus misiones de selección a las asociaciones de antiguos alumnos de las escuelas importantes. Éstas las publican en sus boletines semanales o mensuales y las envían a sus antiguos alumnos. Un consejo: intente obtenerlos a través de algún amigo o de alguna relación que haya estudiado en esa escuela o universidad importante.

¿Dónde encontrar información sobre su futuro empresario?

Anuarios

Kompass, Dun & Bradstreet, Fomento de la producción, Dicodi.

Internet

Las web sites

– Cada vez más los grupos importantes anuncian en su *web* los puestos que tienen disponibles. Además, es la mejor fuente para informarse antes de una entrevista sobre una empresa.

– Algunas direcciones están especializadas en ofertas de empleo:

www.anuntis.com

www.bolsadetrabajo.com

www.bolsatrabajo.com

www.canalcv.com

www.expansionyempleo.com

www.freelance.com

www.global-work.com

www.infoempleo.com

www.infojobs.net

www.idg.es/jobuniverse

www.interworker.com

www.itjobworld.com

www.it-job.com

www.jobline.es

www.jobpilot.es

www.laboris.net

www.latpro.com

www.mercaempleo.es

www.metaseleccion.com

www.oficinaempleo.com

www.publiempleo.com

www.rrhh.net

www.stepstone.es

www.tecnoempleo.com

www.todotrabajo.com

www.topjobs.es

www.trabajo.org

www.trabajos.com

www.wideyes.es

– Muchas agencias de selección tienen su propia *web* a través de la cual uno puede conocer sus misiones: así, la dirección de Michael Page (www.michaelpage.es) propone más de 15.000 ofertas de empleo diariamente actualizadas.